사회과
구술평가
어떻게 할까

사회과 구술평가 어떻게 할까

강영아·강윤찬·강초롱·김홍탁·신정민·이수진·정유훈
지음

푸른칠판

차례

추천의 글 • 6
프롤로그 • 9

Chapter 1_ 사회과 구술평가의 의미와 필요성

1. 사회과 구술평가, 왜 해야 할까 • 17
서로 평가 주체가 되는 상호작용적 평가
능동적 사고와 심층적 이해를 돕는 과정
좋은 질문에서 좋은 대답으로 연결하기 위해

2. 사회과 구술평가, 무엇을 준비해야 할까 • 28
좋은 책과 텍스트 선정
래포(rapport) 형성
경청의 문해력
사회학적 상상력(Sociological Imagination)
좋은 질문하기
모두의 효능감을 높이는 피드백
잠재적 교육과정 이끌어 내기

Chapter 2_ 사회과 구술평가의 실제

1. 환경을 주제로 '직접' 평가하기 • 45
　　[사회2]_『착한 소비는 없다』(최원형, 자연과생태)

2. 통계가 말하는 다문화사회, 통계로 말하는 문화다양성 • 68
　　[통합사회]_행정안전부 보도 자료(2023.11.8), 「다문화주의와 다문화정책에 대한 정책 참여자들의 태도와 성향 분석」(임동진·박진경, 한국정책과학학회보)

3. '능력주의는 공정한가' 토론 말고 구술평가 • 90
　　[사회·문화]_『공정하다는 착각』(마이클 샌델, 와이즈베리)

4. '사회적 소수자'를 내러티브적 문해력으로 읽어 내기 • 108
　　[사회문제 탐구]_『공존하는 소설』(안보윤 외, 창비교육)

5. 정서적 공감대를 통한 사회과학 연구 방법의 실천 • 123
　　[사회과제 연구]_『울고 있는 아이에게 말을 걸면』(변진경, 아를)

6. 사회과학 연구 주제의 인사이트 넓히기 • 146
　　[사회과제 연구]_『내일의 세계』(안희경, 메디치미디어)

7. 핵개인화 시대, 사회변동 속 개인과 사회구조 파악하기 • 165
　　[사회·문화]_「칠드런 오브 맨」(알폰소 쿠아론)

8. '익숙한데 새로운' 주제와 만난 구술평가 • 183
　　[사회]_『초저출산은 왜 생겼을까?』(조영태 외, 김영사)

9. 지속 가능한 사회를 위해 자본주의 성찰하기 • 215
　　[경제]_『자본주의』(EBS <자본주의> 제작팀, 가나출판사), 『녹색 계급의 출현』(브뤼노 라투르 외, 이음)

에필로그 • 237
참고문헌 • 240

추천의 글

제주에서 피어난 평가 혁신의 중심 이야기

이혁규(청주교육대학교 교수)

나는 책을 읽을 때 저자가 어떤 동기로 글을 쓰게 되었는지를 살펴 보곤 한다. 이 책의 프롤로그에 소개된 한 고등학교 3학년 학생에 관한 다음 에피소드가 마음에 남는다.

대학교 입시를 위해 면접시험을 치르고 온 고등학교 3학년 학생의 말이 기억난다. "선생님, 육지 학생들 진짜 이야기 잘해요."라며 떠들썩하게 면접 날의 생생한 기억을 전하는 학생에게 "너는 어땠어?"라고 물었다. "네, 저도 노력은 했죠."라는 짧은 대답 뒤에는 곧 초라한 마음도 전해졌다.

교육을 흔히 '관심과 사랑'이라고들 말한다. 너무 자주 들어서 진부하게 느껴지는 말인데, 실제 학교 현장에서는 그만큼 무시되기도 한다. 그래서일까. 나는 저 문장에서 제자를 향한 따뜻한 관심과 사랑을 읽을 수 있었고, 그 마음이 책의 집필 동기가 되었다는 사실에 깊은 인상을 받았다.

이 책에서 특히 주목할 만한 점은 학습공동체 '제주사회과교육연구회'의 결속력과 성찰적 학습 태도이다. 이들은 교육과정을 단지 이해하고 해석하는 데 그치지 않고, 교육과정 시안 개발 과정에 능동적으로 참여하며 의견을 적극적으로 제시하였다. 특히 2022 개정 사회과 교육과정에 새롭게 등장한 '구술평가'에 대해 깊이 고민하여, 수업과 평가를 유기적으로 연결하는 실천 사례들을 제시한 점은 매우 주목할 만하다. 이를 통해 사회과 평가의 새로운 지평을 열었고, 학생 개개인의 다양성을 존중하는 평가로 나아가는 의미 있는 길을 개척했다.

사실 이 책은 나에게도 실용적 지침서가 될 것 같다. 대학에서 강의하는 나는 몇 해 전부터 평가의 한 방식으로, 이 책의 용어로 표현하자면 '구술평가'를 실시해 왔다. 사회현상의 이해와 관련된 책을 읽도록 한 뒤, 학기말에 교수자인 나와 학생이 일대일 인터뷰를 통해 평가하는 방식이다. 이를 위해 간단한 루브릭도 사용하고 있다. 그러나 늘 '이 평가 방식을 더 개선할 수는 없을까?' 하는 고민을 해 왔다. 그런 점에서 이 책의 다양한 수업 사례들은 나의 실천적 고민에 대한 훌륭한 안내서가 되기에도 충분하다. 교육과정 목표에 맞추어서 어떤 책을 선정할지,

학생들과 책을 같이 읽고 의미 있는 질문을 어떻게 함께 생성할지, 그리고 구술평가를 어떻게 실시하고 때로 성찰적 글쓰기와 연결할지 등의 물음들과 관련하여 이 책은 소중한 현장의 지혜를 풍부하게 담고 있다. 이 책 덕분에 이번 학기 나의 구술평가는 훨씬 더 내실 있게 진행할 수 있을 것 같아, 개인적인 감사의 마음을 전하고 싶다.

저자들은 프롤로그에 '주변부의 가능성에서 시작된 구술평가 이야기'라는 제목을 달았다. 아마도 육지와 떨어져 있는 제주도의 지리적 위치 때문에 '주변부'라는 표현을 쓴 듯하다. 하지만 오늘날처럼 네트워크로 연결된 세상에서 중심과 주변이 어디에 고정되어 있겠는가. 창의적인 아이디어가 태동하고 실천이 일어나는 그곳이 곧 중심이다. 그런 의미에서, 구술평가에 관한 새로운 이론과 실천의 지혜를 일구어 낸 제주도는 이 분야에 있어서 분명 '대한민국의 중심'이라 할 만하다.

이 책이 더 많은 독자에게 닿아 사회과 평가의 지평을 넓히고, 학생들이 자신의 역량과 잠재력을 온전히 발휘하고 평가받는 행복한 성장의 경험으로 이어지기를 진심으로 소망한다.

프롤로그

주변부의 가능성에서 시작된 구술평가 이야기

　대학교 입시를 위해 면접시험을 치르고 온 고등학교 3학년 학생의 말이 기억난다. "선생님, 육지 학생들 진짜 이야기 잘해요."라며 떠들썩하게 면접 날의 생생한 기억을 전하는 학생에게 "너는 어땠어?"라고 물었다. "네, 저도 노력은 했죠."라는 짧은 대답 뒤로 곧 초라한 마음도 전해졌다. 수학능력시험이 끝난 후 면접 준비를 위해 학교에서 공력을 들여 학생들에게 모의 면접을 해 보도록 하지만 구술과 면접 영역에서 단시간에 따라잡을 수 없는 일종의 '문화의 벽' 같은 것을 체감한다. 구술평가를 시작했던 그때, 면접장에 가서 적어도 초라함은 느끼지 않을 정도의 자신감과 능동적 사고를 학생들에게 키워 줘야겠다고 생각했다. 단기간에 안 된다면 수업 시간에 서서히 바꿔 봐야겠다고 생각했다. 처음부터 잘하는 사람은 없으니까.

주변부에서 학생과 함께 배움으로 전진하는 교사들이 모여 우리 학생들에게 무엇이 필요한지, 어떤 역량이 만들어지면 좋은지, 무엇보다 학생들 스스로가 어떤 능력이 부족한지를 느끼고 포착해서 학생들의 능동적 사유를 담은 말하기가 발현되기를 바라는 마음에서 이 책『사회과 구술평가 어떻게 할까』가 시작되었다. 늘 주변부에서의 가능성을 살핀다. 주변부에서의 고유성과 정체성이 초라해지지 않게 그 가능성을 열어 두고 생각한다. 제주에서 시작하는 사회과 구술평가의 흐름이 바다를 건너 육지를 향해 건강하게 전진했으면 좋겠다.

몇 년간 구술평가를 진행하며 관찰하고 포착한 사회과 구술평가의 특징을 상호작용적인 평가, 능동적 사고와 심층적 이해로 개념화했다. 사회과 구술평가가 탁월하고 안정감 있게 실행되는 데 필요한 좋은 책과 텍스트 선정, 래포 형성, 경청의 문해력, 사회학적 상상력, 좋은 질문, 피드백, 잠재적 교육과정과 같은 몇 가지 요소들을 더해 1장에 담았다.

문해력이 떨어지고 있는 학생들의 역량이 심각한 문제라고 지적하는 세간의 이야기 안에서도 그것이 학생들만의 문제가 아닌 어른, 아이 할 것 없는 모두의 문제라고 학생들을 대변하다가도 심심치 않게 들려오는 어이없는 상황들이 속속 나타나는 교실의 현실을 부정할 수 없다. 점점 다양해지고 빠르게 흘러가는 세상에서도 변하지 않는 본질이 있다. 깊게 읽고 자신의 생각을 쓸 줄 알며 능동적으로 말할 수 있는 능력이다. 이러한 능력을 끌어내기 위해 제주도의 선생님들이 다양한 교실에서 길어 올린 아홉 가지 수업 이야기를 2장에 함께 엮었다. 다양한 학교급, 다른 상황과 맥락에서 실행한 구술평가의 각별한 사례로 이야기를 더욱 풍부하게 만들었다. 구술평가 공부를 위해 자주 만나 수업과 평가에 대한 이야기를 나누었다. 끊임없는 아쉬움과 전해야 할 이야기는 아직도 많지만 만족과 낭패를 경험한 그 생생한 수업 상황과 현장을 그대로 전하고 싶다.

중학교에서 구술평가를 실행한 강윤찬 선생님과 김홍탁 선생님의 이야기는 귀한 사례가 될 것이다. 기후위기를 주제로 한 중학교 3학년 아이들과 펼쳐 낸 강윤찬 선생님의 구술평가에서 교사와 학생 간의 상호 각별성과 교사가 수업과 학생에 대한 각별함으로 이야기를 건네는 부분이 흥미롭다.

초등학교를 갓 졸업한 중학교 1학년 학생들과 구술평가를 진행한 김홍탁 선생님의 수업에서는 지성의 말하기로 전환시키는 텍스트의 중요성을 피력한다. 익숙한 주제인 저출산 사회현상을 새로운 시각으로 바라보게 하는 텍스트 선정으로 학생들의 지적 호기심을 유발하는 장면이 인상 깊다. 또한 초등학교 수업 과정에서도 구술평가를 시도해 볼 수 있겠다는 자신감도 얻을 수 있다.

강초롱 선생님은 생성형 인공지능의 등장으로 말미암은 진짜 글쓰기와 가짜 글쓰기의 모호성으로 촉발된 구술평가의 시기적 적절성과 중요성을 강조한 흐름을 통합사회 과목에서 펼쳐 낸다. 사회과에서 중시되는 통계 데이터를 활용한 다문화사회의 갈등 양상을 파악하는 구술평가를 선보인다.

사회과 수업에서 활용되는 텍스트와 책을 고르는 교사의 안목이 중요함을 강조하는 신정민 선생님은 질문하기에 앞서 경청하는 학생들의 태도를 강조하고 수업 사례에서 학생들 스스로 질문을 만들어 보게 하는 활동을 [사회·문화]와 [사회문제탐구]에서 만들어 간다. 사회적 소수자를 내러티브적 문해력으로 읽어 내며 학생들에게 당면한 차별적 문제를 이해하고 비판적으로 보는 눈을 갖게 만드는 수업 이야기를 소개한다.

[사회·문화] 과목에서 난이도가 있는 모둠 구술평가로 패기 있게 구술평가의 첫 포문을 연 이수진 선생님은 영화라는 매체를 텍스트 삼아 핵개인화 시대에서 개인과 사회구조를 구술평가로 파악하도록 했다. 또한 [경제] 과목에서 '지속 가능한 사회를 위해 자본주의 성찰하기'라는 주제로 비교적 어려운 책이지만 학생들에게 읽을 수 있게 안내하는 역할과 의욕 없는 학생들의 참여를 도모하는 수업 장면이 돋보인다.

정유훈 선생님은 일대일 구술평가로 학생들에게 신뢰와 지지를 단단히 쌓아 가는 과정을 보여 준다. 사회과에서 중요한 사회과학 연구 방법의 실천성을 수업으로 펼쳐 내며 구체적이고 즉각적인 피드백을 통해 학생을 성장시킨 경험을 공유한다. 또한 세계적인 학자들의 연구 주제를 살펴보고 [사회과제연구] 과목의 연구 주제로 적용시키는 사회과학 분야의 인사이트를 넓히는 수업 사례도 소개한다.

여전히 새어 나오는 수업 이야기는 훌륭한 수업, 위대한 수업에 대한 이야기가 아니다. 일상에서 할 수 있는 지역의 고유성을 담은 수업이다. 수업은 '완성'이라는 개념이 아닌 흘러가는 '진행형'이라 적절하게 물을 붓고 새어 나는 부분이 생긴다면 그곳을 겹겹이 막아 볼 수 있다. 선생님들의 작은 노력과 결의가 언젠가는 학생들에게, 교사들 서로에게 마중물이 되기를 바라 본다. 학생들의 능동적 사고를 진작시키고 심층적 이해를 도모하는 데 가르칠 때의 모험을 기꺼이 감수하기를 바란다.

선생님들을 대신해서
강영아

Chapter 1

사회과 구술평가의 의미와 필요성

사회과 구술평가, 왜 해야 할까

'구술口述'이란 '입 구口'와 '지을 술述'이 결합된 한자어로 '입으로 말한다'는 뜻이다. 고대 그리스에서 철학자들은 대화와 토론을 통해 지식을 탐구하는 방식으로 평가를 했다. 소크라테스는 우리가 흔히 알고 있는 '소크라테스 문답법'으로 학생들에게 질문을 던지며 사고를 유도하고 학습을 평가했다. 우리나라에서도 조선 시대 과거에서 책문策問으로 임금이 나라의 현안을 직접 물어서 평가했는데 이것 또한 구술시험이었다.

'구술평가'는 인류 역사상 가장 오래된 평가 방법이며 '질문하기'와 '대답하기'를 담은 문답 형식, 즉 가장 기본적인 방법을 활용한 평가 방식이다. 학교에서 수행평가 형태로 활용되는 구술평가는 사전적 의미의 '구술口述'에 교육적 의미를 더해 '선생님과 학생의 상호작용적인 평가로', '능동적 사고와 심층적 이해'의 역량을 신장하고자 교과 특성에 맞는 텍스트를 선정하여 '좋은 질문'과 '좋은 대답'으로 연결되는 과정을 교과 수업 시간에 실행하는 것이다. 구술평가가 아직까지 교실 현장에서 생소한 평가 영역으로 간주되는 것은 기존 서·논술형 평가가 일반적으로 적용되기 때문이기도 하다. 그럼에도 구술평가, 특히 사회과에서 구술평가는 어떤 의미를 지니며 누가, 언제, 무엇을, 왜, 어떻게 하는 것일까?

서로 평가 주체가 되는 상호작용적 평가

'누가', '언제' 하는 것인지에 따라 사회과 구술평가를 분석하면 이 평가는 교사와 학생 간의 상호작용적인 평가라는 개념으로 귀결된다. 일반적인 수행평가에서는 평가자인 교사와 피평가자인 학생의 관계가 비대칭적인 구조를 이루는 경우가 더 많다. 미리 제시된 평가지를 배부받은 학생들은 수행 과제를 진행하고 교사는 평가 상황을 공정하게 조탁하는 역할을 맡는다. 반면 구술평가에서는 교사와 학생의 평가 장면을 상호작용적 평가 상황으로 볼 수 있는데, 여기서 상호작용적 평가란 일반적인 평가 장면에서처럼 누군가는 평가하고 누군가는 평가받는 것이 아닌, 모두가 평가의 주체가 되는 것을 뜻한다. 학생과 함께 교사도 긴장하며 평가 장면의 주체가 되기 때문에 구술평가는 평가 장면과 평가가 시간차 없이 진행되는 동시성과 긴급성을 갖는다.

사회과 구술평가에서 '무엇을' 다루는지는 사회과 고유의 문해력 개념에서 시작된다. '문해력'이란 문장을 이해하는 능력뿐만 아니라 문장과 문장 사이에 있는 맥락context을 읽어 내는 능력을 말하는데, 사회과의 문해력은 일반적인 문해력 개념에 더해 사회·문화적인 관점, 인류학적인 관점, 거시적 인식, 미시적 인식 등 '맥락 파악'과 '유추 능력'을 필요로 한다. 이러한 능력은 학생들이 글을 읽거나 쓸 때, 교사의 설명을 듣고 말할 때, 학생들 간 토론과 토의 과정에서 탁월한 역량을 보이는 학생들과 그렇지 않은 학생들 간의 현저한 차이를 보인다. 이러한 문해력 차이의 원인을 사회과에서는 사회·문화적 배경으로 인한 다층적 격차, 알고리즘에 의한 확증편향적 사고로 꼽는다. 학생들의 사회·문화적인 배경, 일상의 적대화를 만드는 편향적인 사고를 학생 개인의 상황과 역량으로 돌파하기는 어렵지만, 구술평가를 활용한다면 학교와 교사가 실제적인 도움을 줄 수 있다. 사실 사회학적 이슈와 배경은 그것을 인지하는 것을 넘어 그에 대한 어떤 관점과 방향으로 능동적 사고를 형성해야 하는데 현실적으로는 지식 위주로 암기하고 만다. 중학교, 고등학교로 진학하면서 학생들이 많은 어려움을 호소하는 과목도 사회 교과이다. 학생들에게는 여러 관점이 담긴 사회학적 글을 읽고 체화하는 과정이 필요하다. 특히나 사회과의 문해력을 키우려면 단순히 글을 읽고 이해하는 것을 넘어 글을 쓴 사람의 입장과 관점, 처해 있는 상황까지도 유추하며 입체적으로 접근하는 태도가 필요하다. 따라서 사회 교사는 이에 맞는 좋은 텍스트를 발굴해야 하는데, 지속적인 공부 모임이나 전문적 학습공동체 등을 통해 탄탄한 텍스트로 이루어진 고전부터 현재 이슈를 반영한 실제감 있는 사회학적 텍스트를 적극적으로 찾는 노력이 필요하다. 그리고 학생들과 함께 읽고 이야기 나누어야 한다.

능동적 사고와 심층적 이해를 돕는 과정

구술평가를 진행하면 학생들에게 공통적 특징이 나타난다. 평가 장면에서 학생들의 능동적 사고와 심층적 이해가 관찰된다는 점이다. 사고와 이해의 과정이 '구술'이라는 언어 형태로 나오면서 논리성, 체계성이 부족한 부분을 학생 스스로 인지하게 되고 그것을 보완하려는 노력을 보인다. 교사는 구술평가를 통해 학생이 특정 주제에 대해 얼마나 깊이 이해하고 있는지 추가 질문 또는 보완 질문을 하며 학생의 성장 지점을 분명히 관찰할 수 있다. 다른 측면에서는 수업 시간이나 서·논술평 평가 때 두드러지지 않았던 학생들, 말로 표현하는 것을 더 수월해 하는 학생들도 관찰할 수 있다. 서·논술형 평가에서 다소 제한되는 생각의 깊이도 말로 나타나면서 심층된 사고의 과정을 볼 수 있게 된다. 뿐만 아니라 학생도 교사도 긍정적인 자아효능감을 갖게 된다. 캐나다 퀠프대학교 구술평가 지침에 따르면, 구술평가는 고차원적인 사고 능력과 주어진 정보들을 하나의 주제로 종합하는 능력, 개념이나 원리를 응용해 문제를 해결하는 능력, 이론을 실제에 적용하는 능력, 지식의 깊이와 범위, 독립적인 사고 능력, 대인관계 능력, 주제에 대한 전문성 등을 평가하는 데 좋다. 또한 구술평가는 다른 평가 방법과 결합할 수도 있으며 여러 수업 모형에서도 병용하여 구현할 수 있다는 장점이 있다.

구술평가 방식의 위치성에 대한 이해를 돕고자 설명을 덧붙인다. 수행평가는 기록 방법에 따라 체크리스트, 평정척도법, 일화기록법으로 나뉘고, 평가자에 따라서는 자기평가, 동료평가로 나뉜다. 평가 장면에 따라서는 논술, 구술, 토의, 토론, 실기, 보고서법, 프로젝트, 포트폴리오, 실기로 나눌 수 있다. 그중에서 논술형 평가, 토의와 토론, 발표, 면접을 구술평가와 비교하여 나타내 보면 다음과 같다.

기준	수행평가 방법	목적	평가 장면과 평가의 시간차	평가 구현 방식	상호작용의 방향
평가 장면에 따른 방법	논술형 평가	문제해결력 비판력 창의력 정보수집능력	시간차 존재	논리적 글쓰기	비상호작용적인 평가
	토의·토론	문제해결력 비판력 창의력 정보수집능력 의사소통능력	시간차 존재	대체로 토론모형 적용을 통한 논리적 글쓰기	비상호작용적인 평가
	구술평가	문제해결력 비판력 창의력 정보수집능력 의사소통능력 능동적 사고	시간차 존재하지 않음.	문답법을 통한 논리적 말하기 자유롭게 말하기	상호작용적인 평가

평가 장면에 따른 방법				
	발표	정보수집능력 문제해결력 창의력	시간차 존재	발표 자료를 통한 압축적 글쓰기와 말하기	비상호작용적인 평가
	면접	문제해결력 비판력 창의력 정보수집능력 의사소통능력 능동적 사고	시간차 존재하지 않음.	대체로 가상 상황 설정을 통한 논리적 말하기	상호작용적인 평가

사회과 구술평가는 다른 수행평가와 유사한 부분도 있지만 시간차가 존재하지 않는 평가 장면과 평가의 일치, 문답법을 통해 자유롭게 또는 논리적으로 말하기, 교사와 학생 간의 상호작용적인 평가라는 점이 가장 큰 특징이다.

수년 전 수업 방법과 비교해 본다면 엄청난 진화를 거듭해 현재는 수업 방법이 매우 다양해졌다. 더 이상 다양해지기 어려울 만큼 많은 배움이 일어나고 있지만 평가 부문에서는 안정적이고 일반적으로 서·논술형 평가가 많이 활용된다. 수행평가로서의 서·논술형 평가는 깊이 있는 사고와 수준 높은 글쓰기로 연결되기도 한다. 그러나 서·논술형 평가에서 의도하지 않은 적당히 애매한 글쓰기로 수년을 보낼 수도 있는 잠재적 교육과정도 분명 곳곳에 있다. 날로 진화되는 교육방법론과 체계적이고 세부적인 단계와 절차가 있는 수업 양식이 점점 늘어나는 흐름 속에서 역으로 '프로젝트 제로'라는 프로젝트성 활동과 활동 중심의 교육을 지양하는 방향의 교육활동이 공존하는 현실이다. 수업을 진행하는 방법과 절차가 구체적이면 구체적일수록 그것을 실행하고 적용하는 데 공력을 쏟게 되어 진정으로 가르쳐야 할 사고의 과정을 놓치는 경우도 있다. 구술평가를 적용한다는 것은 수업에 대한 다양한 방법을 도모하는 것에서 기본을 향해 움직이는 밀도 있는 흐름이다. 교실 현장에서 구술평가가 아직 생소한 평가 영역으로 간주되는 이유는 수행평가의 형태로 기존의 서·논술형 평가가 통상적으로 적용되는 점, 실시간 평가에 대한 낯설음, 학습지 혹은 평가지 형태로 된 수행 과제물이 있어야 한다는 강박 등이 있다.

좋은 질문에서 좋은 대답으로 연결하기 위해

설계 과정

사회과 구술평가의 운영 과정을 고민한다는 것은 구술평가를 어떻게 하는가에 대한 질문과 맞닿는다. 이때 기본으로 돌아가서 사회과 성취기준에 알맞은 텍스트를 찾고 그 안에서 좋은 질문을 만들어 좋은 답변을 들어 보자는 마음을 갖는 것이 수업과 평가 형태를 구상하는 데 중요하다. 구술평가에서는 교사가 선정한 텍스트가 성취기준에 부합했는지, 학생들의 수준에 가닿았는지, 학생들이 재미있고 의미 있게 읽었는지가 중요하며 교사가 만들어 낸 질문은 결국 평가 문항이 되어 루브릭의 재료가 되기 때문이다. 교사가 학생과의 대화를 이끌어 내는 것을 염두하고 질문을 구성한다면 학생의 능동적 사고와 심층적 사고를 면밀하게 관찰할 수 있다.

여러 학술지와 기관에서 구술평가의 운영 방법을 위해 구술평가를 개념화하고 구체화했다. 그에 따르면 구술평가의 특징은 '내용, 상호작용, 진정성, 구조, 시험관 및 구술성'이라는 6가지 차원으로 설명된다. 일반적으로 구술평가는 내용 유형으로 '지식과 이해'에 중점을 두지만 문제해결능력이나 대인관계, 개인 내 역량을 다룰 수도 있다. 상호작용이 있는 구술시험에서는 '대화' 상호작용을 매개로 한 평가, 구술시험의 진정성은 평가가 전문적인 실무 또는 실제 생활의 맥락을 복제하는 정도를 뜻한다. 구술평가는 대화 흐름이 허용되는 방식에 따라 폐쇄형, 또는 공개형 형식을 취할 수 있으며 강사 주도 시험의 경우 권한 기반 시험관 구조를 따르기도 한다. 난독증이 있는 학생이나 모국어 사용자가 아닌 경우는 사고를 공유할 수 있는 보다 공평한 공간을 제공한다. (구술시험: 학생들의 이해에 대한 보다 의미 있는 평가, 2021) 이 개념을 기반으로 Allison은 구술평가의 운영 과정을 다음과 같이 제시했다.

1	모둠활동 진행	주제 제시, 글쓰기 과제, 모둠 내 대화, 대화 결과 공유
2	구술평가 문제은행 및 채점 기준표 제시	2개 단원, 단원별 5~6개 문항, 시험 전주 문항 공개
3	구술평가 진행	평가 시간 10분, 1주일 동안 실시, 학생 1명당 2개의 질문
4	피드백 제공	평가 종료 후 즉각적인 피드백 제공

▲ Allison의 구술평가 운영 과정

교사들이 실천한 사회과 구술평가 사례들을 적용하여 사회과에서의 구술평가 운영 방법, 운영 과정을 정리해 보면 다음과 같다.

단계	활동	세부 내용
1	구술평가 유형 선택	· 일대일 구술평가 또는 모둠 구술평가 · 폐쇄형 구술평가 또는 개방형 구술평가
2	텍스트 선정	· 핵심 개념과 성취기준 분석 · 사회적 맥락과 학습자의 수준을 해석 · 읽기 자료 선정 또는 구성
3	질문 만들기와 루브릭 설계	· 텍스트를 기반으로 질문을 만듦. · 능동적 사고를 형성하기 위한 질문을 설계함. · 질문 구성의 핵심은 사회과의 핵심 개념을 경유하는 질문을 설계하는 데 있음. · 시험 전에 공개해도 되고 시험 당일에 공개해도 됨. · 질문을 토대로 루브릭을 작성하고 루브릭은 도달 가능성을 염두하여 세부적으로 작성함.
4	구술평가 사전 연습 기회 제공	· 구술평가를 위한 사전 연습 · 짝 구술 연습, 모둠 구술 연습, 교사와 학생 간의 구술 연습 등
5	구술평가 진행	· 구술평가의 방식과 형식에 따라 소요 시간이 다름. · 교과목의 차시에 따라 다르게 편성 · 구술평가의 진행과 평가와 피드백이 동시에 진행될 수도 있음.
6	즉각적 피드백 및 세부능력 및 특기사항에 기록되도록 구성하는 일	· 평가 종료 후 즉각적인 피드백 제공 · 교사의 피드백이 기록으로 연결될 수 있도록 녹음과 기록 작업을 할 수 있음. · 백지 답안이 없음.

▲ 사회과 구술평가의 단계

 구술평가의 주요 목표 중 하나는 학생의 이해력 증진을 돕는 것이다. 또 다른 목표는 학생의 참여와 독립성을 향상시키는 것이다. 이 두 가지가 능동적 사고를 추동하기 때문에 되도록 학생들의 생각이 보일 수 있도록 구술평가 절차 전체를 조망한다. 이런 흐름을 감지하고 구술평가를 실행하면 교사는 학생들이 무엇을 이해했는지 확실히 알게 된다.

구술평가의 운영 방식

구술평가는 평가자와 피평가자의 대칭성에 따라 일대일 개별 구술평가, 짝 구술평가, 모둠 구술평가로 나눌 수 있다.

일대일 구술평가

면접의 모습을 띄는 교사와 학생의 일대일 구술평가는 교실 앞이나 복도로 학생을 한 명씩 오게 하여 평가하는 방법이다. 일대일 구술평가는 교사가 학생의 말을 듣고 나서 심화 질문과 보완 질문을 하기에 좋다. 개별적 피드백을 충분히 할 수 있어서 학생과의 래포 형성에도 도움이 된다. 한 학생이 평가를 진행할 때 다른 학생은 떨어져 지켜보면서 자기 순서를 기다리게 하면, 학생들은 자신의 구술평가를 시뮬레이션해 보고 실제 연습 상황을 만나며 그 모습을 조망하게 되어 심리적 안정감을 느낀다.

짝 구술평가

모둠 구술평가보다 좀 더 자연스럽게 묻고 답하는 과정을 엿볼 수 있는 짝 구술평가는 학생들이 서로 묻고 대답하며, 교사도 개입하여 함께 이야기하며 좋은 분위기를 만들 수 있다. 사전 연습의 형태로 많이 활용되며 연습 시간이 충분하다는 것, 자연스레 연습 상황을 도모할 수 있다는 것이 장점이다.

모둠 구술평가

모둠으로 하는 구술평가는 일부 토의의 모습을 지닌다. 학생들이 텍스트에 대해서 서로 묻고 대답하며, 교사는 특별히 개입하지 않는다. 그런데 이렇게 진행하려면 교사가 준비 과정에서 안내를 잘해야 하는데, 학생들이 연습하며 서로 묻고 대답하는 소통이 활발해진다는 장점이 있다. 특히 4~5인 모둠에서는 한 사람의 말을 다른 세 사람이 듣기에 상호작용과 상호 점검이 더 풍부해져서 좋고, 빠르게 수행평가를 진행시킬 수 있다는 장점이 있다.

사회과 구술평가,
무엇을 준비해야 할까

 구술평가는 학생과 교사의 상호 신뢰성, 말하기와 경청하기의 의미 구분, 사회학적 상상력 등의 근본 요소에 평가의 긴급성이 더해져 실시간으로 펼쳐지는 실제적인 경험을 제공하고 도반의 감각과 말이 흐르는 교실의 물꼬를 트는 데 기여한다. 글자와 말, 언어와 삶의 '분리'를 '연결'로 변화시키는 데 큰 역할을 한다. 사회과 구술평가는 사회과의 문해력에 대한 재개념화와 더불어 수업과 평가 영역의 철학적, 방법적 확장을 염두해 두고 실천하는 수업과 평가의 전 과정이다. 사회과 구술평가가 탁월하고 안정적으로 이루어지려면 꼭 기억하고 준비해 둘 몇 가지가 있다.

좋은 책과 텍스트 선정

　사회과는 학문적 특성상 핵심적인 개념과 주제가 분명하고 사회적 배경이나 시간과 공간에 따라 맥락적으로 해석하며 실증해야 하는 학문이다. 교과서에 있는 사례를 뛰어넘어 학생이 사회에 가닿을 수 있게 해야 하고 사회에서 발생하는 현안을 교과서 속 개념으로 연결하는 작업도 필요하다. 교사가 사회과의 핵심적인 개념, 성취기준, 사회적 맥락을 경유하여 찾아낸 좋은 텍스트는 구술평가의 과정과 결과의 흐름을 좋은 방향으로 이끈다. 교사가 책을 선택하고 학생들이 읽을 만한 글로 포착하는 부분은 구술평가의 꽃이라 할 수 있다. 따라서 책을 선정하는 것부터 교사의 전문성이 요구되는데, 해당 교과의 성취기준과 교실 안 학습자의 수준, 그때그때 적절한 사회적 이슈뿐 아니라 보편적으로 관통하는 융합적 지식 등을 고려하여 선정해야 하기 때문에 교사는 다양한 책을 읽으며 고심하게 된다. 가령『미래의 피해자들은 이겼다』 (김승섭, 난다)라는 책을 선정해서 긴 호흡으로 학생들과 함께 읽고 구술평가에 반영했다면, 이 책을 고른 이유가 사회과의 텍스트가 되기에 좋아야 하기 때문이다. 세월호 참사의 생존 학생들과 천안함 사건의 생존 장병을 연구한 사회역학자 저자의 책이기에 이태원 참사처럼 일상에서 생겨나는 재난이나 피해자, 생존자, 시민의 안전권 등의 이슈로 연결할 수 있다. 무엇보다 이런 책은 [사회과제연구] 과목의 성취기준에 부합할뿐더러 저자의 PTSD(트라우마)와 일상생활의 적응성, 질병의 위계화

등 데이터를 통한 사회적 질병과 사회적 현상의 분석이 데이터를 분석하고 해석해야 하는 학생들에게도 유용하다. 좋은 책을 고르는 안목은 사회과에서의 인식론과 거시적·미시적 관점, 교과 개념 등의 변수로 결정된다. 구술평가에 활용할 책과 텍스트를 선정하기 위해 교사 혼자 고심하는 일은 부담되고 고될 수 있다. 책을 함께 읽고 공부하는 교사 연구회나 연구 모임이 있다면 적극적으로 참여하여 자신의 관점과 공동체의 관점, 사회의 관점을 고루 살펴보는 것이 좋다.

래포(rapport) 형성

'지속적인 만남'은 학교에서 이뤄지는 대표적인 교육활동이다. '교육은 만남이다'라고 했던 마틴 부버의 말처럼 조건 없이 지속적으로 만나는 시간 동안 교사와 학생, 학생과 학생 사이에 쌓이는 가치는 실로 막대하다. 구술평가는 분명 '평가'의 형태를 띠지만 이러한 장점을 살려 교사와 학생이 서로 신뢰를 형성하는 데 도움을 주기도 한다.

안정감 있는 래포를 형성하기 위해 학기초에 구술평가를 실시할 수도 있는데, 이런 경우 밀도 있는 시간 운영으로 상호 간에 친밀감과 존중감을 쉽게 불러일으킬 수 있다. 또한 래포가 쌓인 상태에서 구술평가를 시도한다면 그 작용을 통해 래포를 더욱 단단하게 할 수 있다. 평소 수업 시간에 관찰할 수 없던 학생의 인문학적 사유와 철학을 발견하는 계기가 되기도 하고, 항상 조용하고 말이 없던 학생이 자신에게 말할 시간과 공간이 주어질 때 여유 있게 말을 이어 나가는 모습을 보이기도 한다. 평소에 적극적인 학생이거나 교사나 또래 친구들과의 유쾌한 상호 작용을 잘할 줄 아는 사회적 능력이 뛰어난 학생이 아니고서야 수업 시간에 먼저 나서서 자신 있게 자기 이야기를 하기는 실로 대단히 어렵기 때문이다.

'래포'는 사람과 사람 사이의 상호 신뢰 관계를 의미하는 말로 심리학에서 사용하기도 하고 문화기술지에서 문화인류학적인 관점으로 집단을 연구할 때 연구자와 피연구자의 친밀감으로 설명되기도 한다. 교실에서의 래포는 단순히 교사와 학생 사이의 친밀감 정도라기보다는 교사와 학생 간의 신뢰 관계, 존중감의 의미로 생각하는 것이 더 정확하다. 학생의 입장에서는 '선생님께 이야기할 때 편하고 재미있어'라는 식의 인식보다는 '선생님과 이야기하면 마음이 안정되고 신뢰가 가'라는 마음의 유대 관계가 구술평가를 지속 가능하게 한다.

구술평가를 하기 위한 래포와 구술평가를 통한 래포가 어떻게 형성되는지는 서로에게 어떻게 신뢰를 얻는지에 달려 있다. 그 시작은 교사가 학생에게, 학생이 교사에게 존중감을 보내는 것에서 출발하며, 특히 교사가 수업 관련한 이해와 활동에서 구체적 피드백을 풍성하게 준비하는 것이 학생들의 좋은 호응과 더불어 존경심을 불러일으키는 중요한 요소가 된다.

경청의 문해력

경청이란 다른 사람의 이야기를 주의 깊게 듣는 것을 뜻한다. 경청은 단순히 소리를 듣는 것을 넘어서 상대방의 감정, 의도, 말의 맥락을 이해하려는 적극적인 태도까지 포함하는데, 구술평가는 교사와 학생이 서로에게 적극적으로 '경청'하게 만드는 역학적 기제가 된다. 기존의 수행평가는 기록된 것을 추후에 채점하기 때문에 평가 장면과 평가 사이의 시간차가 생긴다. 따로 시간을 내서 기록된 수행물을 채점하고 평가로 기록하는 일이 수반된다. 반면에 구술평가는 실시간 평가가 이루어지므로 교사가 학생의 눈과 음성을 마주하며 구술의 내용과 논리에 아주 집중하여 경청하게 된다. 채점 근거를 살피기 위해서 메모를 하기도 하지만 실제적으로 학생의 음성을 통해 전해지는 내용을 더 귀 기울여 들으려는 교사의 태도로 나타나는 행위이기도 하다. 경청은 다른 형태의 문해력이라고 하듯이 학생들이 이야기하는 의미를 파악하면 교사는 학생들의 생각을 다듬는 명료하고 정교한 추가 질문을 할 수 있다. 교사가 학생의 발언을 존중하고 의견을 개진하는 태도를 보이면 학생들은 기꺼이 자신의 생각을 말할 수 있는 용기를 갖는다.

"경청은 단순히 말하지 않는 것이 아니다. 비록 우리 능력의 대부분을 뛰어넘는 것이지만 들리는 말에 열정적이고 인간적인 관심을 기울이는 것을 의미한다." (Duer Miller, 1915)

교사가 보이는 경청의 태도는 학생들에게 동기를 부여하여 능동적인 사고를 하는 데 중요한 영향을 미친다. 교사는 질문에 대한 학생들의 답변을 들으며 그 학생이 유독 많이 사용하는 일상적 용어부터, 개념과 사회를 보는 인식에 대해서도 알 수 있다. 개념과 사회를 보는 인식에 대해서는 추가 질문을 하며 좀 더 깊이 있는 능동적 사고를 만들어 갈 수도 있다.

'경청의 문해력'은 상대방의 말을 듣는 것을 넘어, 그 내용과 의도를 정확히 이해하고 해석하는 능력이다. 이는 듣는 사람의 이해력, 분석력, 공감 능력, 그리고 맥락을 파악하는 비판적 사고력이 결합된 중요한 소통 능력이며, 구술평가 과정에서 학생과 교사 모두에게 중요하다. 학생에게 경청의 문해력이란 교사 질문의 의도를 파악하고 문제의 핵심을 정리하여 적절하게 대답할 수 있는 능력이다. 교사에게 경청의 문해력은 학생의 말을 주의 깊게 듣기 위해 집중하고, 학생의 대답이 명확하지 않을 경우 추가 질문으로 정확한 뜻을 확인할 수 있는 역량이다. 학생의 대답을 요약하여 이해한 내용을 확인할 수 있으며 심층적인 생각을 듣기 위해 질문을 덧붙일 수 있어야 한다. 따라서 경청의 문해력은 질문과 대답의 과정을 더 깊고 풍부하게 만드는 구술평가의 핵심역량이다. 서로의 말을 듣고 요약해 보거나 반응해 보는 연습은 탁월하게 주의력을 신장시키며 경청의 문해력을 키워 줄 수 있다.

사회학적 상상력(Sociological Imagination)

사회학적 상상력은 사회학자 C. 라이트 밀스C. Wright Mills가 제시한 개념으로, 개인의 삶과 더 넓은 사회적 구조 및 역사적 맥락을 연결하여 이해하는 능력을 뜻한다. 이 개념은 개인의 경험과 사회적 문제를 분리하지 않고, 서로 어떻게 얽혀 있는지 살펴보는 데 초점을 둔다. 사회학적 상상력을 바탕으로 하는 사고는 사회과 구술평가에 긴요하게 작용한다. 사회는 상호작용하는 여러 개인의 집합체이고, 이러한 사회를 보는 인식의 과정, 사고의 연결성, 맥락의 재구조화를 통해 시민으로서 필요한 자질을 함양하는 교과가 바로 사회과다. 그래서 교사부터가 다른 모든 개인의 행위와 그 연관성을 이해하지 않고서는 사회 속에서 이뤄지는 개인의 행위나 경험, 즉 사회생활을 제대로 이해하기 어렵다. 사회학적 상상력은 구술평가를 통해 구현되기도 하고, 구술평가에서 잘 발휘되기도 하는 역량이다. 교사는 텍스트 선정에서부터 질문 만들기까지 사회과 개념을 개인에서 사회로 옮겨 놓아야 하며, 그것이 역사적·문화적 맥락에서 어떻게 형성되는지도 살펴야 한다. 자기 이야기에만 머물거나 자기와 상관없는 공감의 부재 상태가 아닌 인식론적인 사고를 할 수 있도록 지도해야 한다.

사회학적 상상력은 역사적 상상력, 인류학적 상상력, 비판적 상상력을 갖춘 사회학적 상상력으로 구성된다. 역사적 상상력은 현재 우리 사회의 모습이 과거의 역사적 유산 속에서 형성되었다는 점을 인식하면서 현재의 생활양식이 과거의 생활양식과 어떻게 다르고 어떠한 방식으로 변화해 왔는지를 파악하도록 한다. 인류학적 상상력은 각 나라마다 얼마나 다양한 역사적 유산이 있고 이러한 유산의 다양성이 얼마나 다양한 사회의 모습을 낳는지 알도록 한다. 역사적, 인류학적 상상력으로부터 현재 사회의 모습이 바람직한지 아닌지를 판단할 수 있는 능력이 생겨난다. 이러한 판단은 사회를 바라보는 기존의 눈을 바꾸면서 기존의 사회 형태를 비판하고 대안적인 미래를 제시하도록 만든다는 의미에서 비판적 상상력을 필요로 한다. 이 과정은 지금까지 당연시되고 정당화되었던 모든 질서와 가치, 규범을 상대화하고 의문시하는 과정을 포함한다.

[사회과제연구], [사회문제탐구], [사회문화], [경제], [통합사회], [정치와 법] 등 사회 교과 오리엔테이션 수업에서 구현하는 사회학적 상상력에 대한 한 장면이 있다.

'노란색 외투를 입고 털모자를 쓴 사람'이 뿌연 하늘을 바라보는 뒷모습이 담긴 사진을 보여 준다. 사진 한 장을 보고 누구인지 생각하고 어떤 상황인지 유추하는 시간을 준다. 빛바랜 노란 외투를 입은 소녀 '그레타 툰베리'의 모습 같다고 하는 말이 몇몇 학생에게서 흘러나오면 그 단어를 연결 지어 사회학적 상상력의 개념을 적용하여 설명한다.

"과거 영국의 스모그현상처럼 현재 기후위기, 기후재난의 상황이 펼쳐지고 있고(역사적 상상력) 그레타툰베리라는 학생 환경운동가의 세계적인 움직임에 지역을 기반으로 하는 기후위기 퍼레이드 등이 지속되고 있다.(인류학적 상상력) 기후위기로 촉발된 여러 문제들이 평범한 사람들을 아프게 하는 것은 이제 재난이자 정의의 문제로 귀결되고 있다. 한 단체에서 제주에서 가장 전기를 많이 쓰는 기업을 선정하여 발표한 적이 있는데 그 거대 기업이 하루 동안 전기를 쓰지 않는다면 지구의 온도를 조금이라도 낮출 가능성이 있다고 발표했다. 전기라는 에너지가 필수품인 것 같지만 실상 필수품이 아닌 계층의 위계화와 연결될 수도 있다는 것이다.(비판적 상상력)"

하나의 현상을 다각적인 측면으로 바라볼 수 있게 하는 사회학적 상상력이 개인 문제와 사회문제의 연관성을 이해하고 사회적, 역사적, 구조적으로 인식을 확장하는 과정을 통해 교사는 텍스트를 선정할 때 사회학적 상상력을 발휘할 수 있고 학생은 구술평가의 응답이 되는 연습을 재현해 보는 과정으로 인식하면 좋다.

좋은 질문하기

좋은 질문하기는 배움의 과정에서 가장 중요하면서도 어려운 실행 주제이다. 구술평가에는 교사가 적극적으로 질문을 구성하게 만드는 긴박성이 작용한다. 질문이 곧 평가로 이어지고 때로는 학생들에게 그 질문을 공언하게 되기 때문이다. 질문은 루브릭을 만드는 원재료가 되고 유형과 내용에 따라 구술평가 전체를 움직이는 추동력이 된다. 질문의 유형은 답변의 확장성에 따라 수렴형 질문과 개방형 질문으로, 질문의 영역에 따라 지식 확인 질문, 기능 확인 질문, 가치·태도 관련 질문으로 나눌 수 있다. 최근에는 교과의 핵심 개념에 대한 질문을 '핵심 질문'이라는 용어로 명명하기도 한다. 교사가 텍스트를 읽고 질문을 구성할 때 교사 자신에게 준 영향, 문제 제기, 의문 나는 점 등을 질문으로 만들고 학습자의 수준에 맞게 위계화시키는 작업을 통해 질문을 구성해도 좋다.

가령, 『아이가 사라지는 세상』(조영태 외, 김영사)이라는 책으로 구술평가를 진행한다고 할 때 "저출산 현상이 자신에게 어떤 영향을 미치는가?"라는 질문과 "저출산 현상은 사회문제인가?"라는 두 개의 질문을 학생들에게 제시한다고 생각해 보자. 학생들과 함께 공부하고 있는 '저출산' 개념이 학생들의 관심 범주 안에 들어가는지의 여부에 따라 능동적 사고 형성이나 깊이 있는 탐구의 가능 여부도 달라지기 때문에, 이 개념을 학생들의 관심 범주 안에 들여놓기 위한 질문을 하는 것이다. 대체로 학생들에게 사회학적 개념에 대한 질문을 할 때에는 그 개념이 자신에게 어떻게 영향을 주는지 직접 질문을 통해 생각하도록 한다. 지적인 참여와 이해의 형성은 자신과의 연관성으로부터 비롯되기 때문이다.

때로는 질문을 학생들이 직접 만들어 보도록 한다. 학생들이 만든 질문지를 보면 교사가 설계한 질문보다 더욱 좋을 때가 있는데, 아마도 학생들의 시선에서 답이 없는 것을 가정하고 질문을 만들기 때문일 것이다.

모두의 효능감을 높이는 피드백

첫 시작이 중요하다. 첫 번째로 구술평가를 진행한 학생이 교실로 돌아가 내뱉는 첫 문장이 나머지 다른 학생들에게는 구술평가에 대한 그림이 되고 첫인상으로 자리 잡는다. 그 학생의 첫 문장은 교사 앞에 마주 앉아서 구술평가 질문에 대답한 자신에 대한 평가가 아니라, 자신의 대답을 듣고 교사가 해 주는 피드백에서 시작된다.

『그냥 하지 말라』(송길영, 북스톤)를 읽고 [사회과제연구] 시간의 구술평가를 진행하는 상황이다.

"앞으로 펼쳐질 세상은 어떤 키워드로 돌아가게 될지 자신의 생각을 이야기해 주세요."

"아, 선생님, 잠깐만요. 제가 생각을……."

교사가 스톱워치로 시간을 측정하려다 중단하고 학생의 낯빛을 보니 긴장을 너무 많이 한 모양새다. 이 학생은 일대일 구술평가를 가장 먼저 해 보겠다고 손을 든 고등학교 3학년 학생이다.

"괜찮아. 천천히 생각하고 너의 생각이 정리가 다 되었으면 그때 선생님한테 해 보겠다고 이야기해 줘. 시간을 측정해서 너의 논리적 말하기의 흐름을 확인하는 것은 몇 분 동안 이야기했는지 평가하려는 것이 아니라 네가 어떤 질문에 대답할 때 얼마나 긴 호흡으로 이야기하는지 말하기의 리듬을 확인하기 위한 거라고 생각하면 돼."

고등학교 3학년 학생들은 웬만한 상황에는 긴장하지 않는다. 그리고 수행평가 정도는 가뿐한데 구술평가라는 낯선 수행평가, 교사와 마주 앉아 있다는 부담감 때문에 시작도 못한 채 긴장하는 학생이 있다. 하지만 긴장감이 서린 그 시간에도 학생은 성장하고 있다. 준비를 마친 학생은 천천히 자신의 생각이 담긴 이야기를 시작한다. 교사는 학생과 눈을 마주치며 경청하고 평가가 끝나자 바로 피드백을 이어 나간다.

"앞으로의 세상은 진정성이라는 가치가 중요하다고 첫 문장으로 이야기해 줘서 명료했고 그 이유를 책에 나와 있는 데이터를 분석해서 논리적으로 이야기한 점, 너의 사례와 친구들의 사례에 비추어서 실제적으로 이야기한 점에서 유창한 사고가 돋보인다."

학생의 이야기를 듣고 교사가 느낀 점을 루브릭을 경유하며 말해 주고 구체적으로 피드백하면 긴장했던 학생의 표정이 온화해진다. 당당히 어깨를 펴고 교실로 돌아가는 학생은 자리에 앉기도 전에 다른 학생들에게 작은 목소리로 "할 만해."라고 전한다. 첫 번째로 구술평가를 치른 학생의 말에 교실 속 다른 학생들도 다들 할 만한 표정이 된다. 그렇게 두 번째 학생의 구술평가를 진행하고 계속 이어 나간다. 일대일 구술평가로 7~8명, 한 차시의 구술평가가 끝나면 교사는 반 전체에게 구술평가의 전체적인 피드백을 한다. 개인별로 전하는 피드백은 개별성과 개인적 효능감을 높이고, 전체적인 피드백은 공동체의 응집성과 공동체의 효능감 자체를 높여 준다. 이러한 피드백은 학생과 교사가 서로 편안해지도록 만들며 서로 신뢰하고 있다는 경험, 학생에게는 자신의 생각을 능동적이고 심층적으로 사유하고 말할 수 있는 용기를 준다.

실질적인 피드백을 확보할 수 있고 이 피드백이 기록으로 연결된다는 점을 인식하면 세부능력 및 특기사항에 기재할 수 있다는 좋은 점도 있다. 수행평가의 근거를 확보하기 위해 일반적으로 오디오 녹음을 하거나 기록을 하는데, 학생의 답변뿐만 아니라 교사의 피드백 부분까지 함께 기록해 둔다면 보다 객관적인 자료가 될 뿐더러 세부능력 및 특기사항에 기록할 수 있는 실제적이고도 중요한 근거가 된다.

잠재적 교육과정 이끌어 내기

구술평가를 준비하는 많은 교사들이 "일대일 구술평가를 할 때 평가하지 않고 대기하는 학생들에게는 어떻게 해야 하나요?"라고 질문한다. 보통 일대일 구술평가를 진행할 때 교실 옆 복도에 책상 하나를 두고 의자 두 개를 준비해서 교사와 학생이 서로 마주 보고 앉아서 진행한다. 교사는 때때로 교실을 임장하며 눈과 귀를 바쁘게 돌리느라 두 공간으로부터 시선을 떼지 못한다. 구술평가를 보는 학생은 긴장하고 있고 다음 차례 학생들도 긴장하며 대기하고 있는데 구술평가를 마쳤거나 자기 차례까지는 시간적 여유가 있는 학생들이 웅성거릴 때가 있다. 이때 교사는 구술평가를 진행하고 있음에도 교실에서 대기하고 있는 학생들을 방치한다는 약간의 자책감이 들기도 한다. 이렇듯 의도치 않게 생기는 수업의 여백을 잠재적 교육과정의 실현 기회로 만들어 가도 좋다. 구술평가로 이야기한 확장적 활동을 글쓰기의 수렴적 활동으로 환원해 보는 시간으로 만들거나, 일찌감치 구술평가를 구현하겠다는 의지로 교실에서 자율적인 시간을 보내야 하는 학생들을 생각해, 교육적 메시지가 있으면서 학생들의 시선을 몰입시키는 책을 준비해 놔도 좋다. 『별들이 흩어질 때』(빅토리아 제이미슨·오마르 모하메드, 보물창고)는 한 청소년이 주인공으로 등장하는 실화를 바탕으로 한 책이다. 이 책은 사회과의 핵심 개념을 관통하는 '난민, 이주, 사회적 소수자'라는 개념을 그려 볼 수 있는 책이어서 교육적 효과도 높다. 책이 꽤 두꺼운데 그래픽노블의 형태이기 때문에 학생들은 몰입하며 신나게 읽는다. 이런 책을 준비해 두면 구술평가를 하는 교사의 입장에서는 구술평가 수업 계획과 더불어 여백의 시간에 의도하지 않은 교육적 효과까지 볼 수 있는 좋은 시간이 된다.

잠재적 교육과정으로 눈여겨볼 만한 것이 또 있다. 적극적인 학생들의 의견 표출로 수업이 채워질 때가 많은데, 기질적으로 소극적인 학생들은 아는 개념이 나와도 자신의 의견을 드러내지 않고 적극적인 학생들에게 기꺼이 발표 기회를 양보한다. 교실은 시간적으로나 공간적으로나 작은 경합지이기 때문에 그렇다. 구술평가를 실시했을 때 평소 조용하고 내성적인 학생들이 안정감 있게 이야기를 이어 나가는 현상은 눈여겨볼 만하다. 만약 구술평가가 아니었다면 그런 학생들의 논리적 말하기를 들어 볼 기회가 없을지도 모르기 때문이다. 또한 교사와 학생의 상호작용으로 비롯된 구술평가는 백지 답안이 나올 수 없는 구조이기 때문에 그 자체가 주는 교육적 효과가 막대하다.

Chapter 2

사회과 구술평가의 실제

환경을 주제로 '직접' 평가하기

[사회2]_『착한 소비는 없다』(최원형, 자연과생태)

글보다 말이 강한 사람

교사는 학생들이 쓴 글을 읽고 점수를 부여한다. 이것을 수행평가의 전형이라 생각해 왔다. 회화繪畵적 요소를 선호하지 않기에 글로 학생의 생각을 묻는 평가를 최선으로 여겼다. 성취기준을 고르고 문항과 루브릭을 작성하면 그럴듯한 수행평가가 완성된다. 이 과정을 몇 번이고 반복해 왔다. 새 학기가 시작될 무렵 과거의 평가지를 펼쳐 놓고 괜찮았던 문항들을 해당 단원에 맞게 수정하려다 문득 문제 제기와 해결 방안 제시로 가득 찬 평가지들이 하나로 겹쳐 보였다. 이러한 평가들을 지필고사와 크게 다르다 할 수 있을까?

채점의 편리를 위해 틀에 맞추는 평가는 학습자의 인지적 영역을 효율적으로 평가한다. 종래의 절대주의적 진리관에 따르면 지식이나 정보를 가장 많이 기억하고 재생하는 학생이 우수한 학습자였다. 이에 입각한 전통적 평가 방식은 선다형을 통해 간접적으로 학생의 지적 수준을 평가하는 것이었다. 이와 달리 대안적 평가로서의 수행평가는 학습자가 스스로 결과물을 산출하거나 행동으로 나타낸 것을 파악하여 직접적으로 학생의 사고 기능과 행동을 평가하는 것이다.(남명호 등, 2000) 내가 그동안 해 왔던 글쓰기 평가는 분명 수행평가였지만, 지필평가처럼 지식을 기억하고 재생하면 높은 점수를 얻을 수 있는 평가였던 것이다. 변화의 필요성을 느껴 백지상태로 고민하기 시작했다. 학습한 지식이 실제 생활에서 어떻게 사용되는지를 측정하는 평가가 기본이 되어야 한다. 그러려면 학생들에게 일상에서 필요한 역량이 무엇인지를 묻는 질문에서부터 출발해야 한다.

우리는 일상에서 글보다 말을 더 많이 사용하는데, 과연 학생들의 말하기에 집중한 적이 있던가? 그 전에 교사부터 자신의 말하기를 성찰하는 게 먼저다. 교사는 다수를 대상으로 말하는 나날을 보내지만 교실 밖을 벗어난 교사의 말하기는 어떠한가? 종종 학생이 아닌 사람들에게 의견과 정보를 전달할 때가 있다. 그럴 때면 긴장으로 말이 빨라지고 머릿속이 정리되지 않아 불필요한 말을 덧붙인다. 그러고 나서 후회한다. 일상의 수다가 아닌, 형식을 갖춘 말하기 능력은 우리의 삶 속에서 꼭 필요한 능력이다. '그래, 말하기를 평가해 보자.'

말보다 글이 강한 학생들도 있지만, 반대로 글보다 말이 강한 학생들도 있다. 그 사실만으로도 구술평가를 시도할 이유는 충분하다.

겹겹이 준비하기

고등학교에 근무하는 선생님들이 가끔 묻는다. "중학교의 발표는 어때?" 중학생의 발표는 어떤지 떠올려 보면, 미리 작성한 대본을 속사포처럼 읊조리는 학생, 목소리가 너무 작아 내용 전달이 안 되는 학생, 발표보다 친구들을 웃기는 데 최선을 다하는 학생 등 여러 모습이 스쳐 지나간다. 발표 자체에 능숙하지 않은 학생들도 논리적 말하기를 해낼 수 있도록 하려면 준비에 더 힘을 쏟을 수밖에 없다.

단원 선택과 자료 선정

중학교 3학년의 환경 단원을 택했는데, 그 이유는 '익숙함' 때문이다. 교사의 익숙함이 아닌 학생들의 익숙함을 생각해 단원을 선택했다. 학생들은 그동안 환경을 주제로 많은 이야기를 보고 듣고 배웠을 것이다. 지구온난화와 이산화탄소 이야기가 생소한 학생은 많지 않다. 그래서 평가로 변화를 주기로 했다.

단원이 정해지면 다음은 자료를 선정해야 한다. 자료는 재밌으면서도 학생들이 몰입할 수 있는 것이어야 한다. 또한 서사가 담겨야 학생들의 풍부한 말하기를 이끌어 낼 수 있다. 학생들에게 가장 중요한 건 재미, 그렇다. 평가도 재미있어야 한다. 평소 재미있는 수업을 목표로 고군분투하면서 왜 평가가 재밌어야 한다는 생각은 하지 않았을까? '텍스트가 참신하면, 낯설면 수업도 평가도 참신해진다.', '영상이어도 되고, 서적이어도 되고, 여기저기서 발췌한 내용도 좋다.' 등의 여러 조언을 토대로 한 권의 책을 골랐다.

최원형 작가의 『착한 소비는 없다』는 우리네 일상을 잘 묘사하고 있으며, 나의 하루를 돌아볼 수 있는 내용으로 채워져 있는 책이다. 학생들이 재밌어 할 만한 몇 개의 에피소드를 뽑아 두었다.

채점 기준 구성

'국어과 말하기와 사회과 말하기의 지향점은 같은가?'라는 질문이 평가 준비 내내 따라다녔다. 단번에 답하기 어려운 질문이지만, 적어도 평가 기준은 달라야 한다. 유창한 말하기는 중요한 역량이다. 그렇다고 사회 시간에 유창한 말하기를 평가하는 것이 맞을까? 글쓰기 평가로 치환해 생각하니 도움이 됐다. 매 학기 글쓰기 수행평가를 해 왔지만 국어과 글쓰기와는 목표도 기준도 달랐다. 이때 평가하고자 했던 것은 사회과 교육과정 목표에 부합하는 역량들이다. 정보를 분석하고, 주제를 이해하고, 의사결정을 내리는 등 글쓰기 능력 자체와는 조금 거리가 있다. 이러한 관점에서 구술평가 기준을 설정해 보았다.

'자료를 명확히 분석했는가?'

'분석한 내용에 알맞은 사례를 말할 수 있는가?'
'이에 관한 나의 생각과 근거를 말할 수 있는가?'

이를 토대로 '주제 이해하기', '사례 탐구하기', '나와 연결하기'를 평가 요소로 설정했다. 질문을 구성하려면 먼저 평가 루브릭을 짜야 한다. 백지상태에서 좋은 질문을 구상해 볼까 생각했지만, 기준 없이 질문을 만들었다가는 평가의 타당성을 잃어버릴 위험이 있다.

평가 요소	수행 수준(채점 기준)	배점
주제 이해하기 (20점)	자료를 활용해 주제에 대해 설명하고, 알맞은 근거를 제시함.	20점
	자료를 활용해 주제에 대해 설명했으나, 일부 근거가 의견에 불과함.	14점
	자료와 관련 없는 내용을 이야기함.	8점
	제시된 질문에 답하지 못함.	2점
사례 탐구하기 (40점)	주제에 맞는 사례를 찾고 해당 사례가 주제와 어떻게 연결되는지 제시하였으며, 제시한 근거가 모두 논리적임.	40점
	주제에 맞는 사례를 찾고 해당 사례가 주제와 어떻게 연결되는지 제시했으나, 일부 근거가 논리적이지 않음.	33점
	주제에 맞는 사례를 찾았으나, 해당 사례와 주제의 연결 고리를 제시하지 못함.	26점
	주제에 맞지 않는 사례를 제시함.	19점
	제시된 질문에 답하지 못함.	12점
나와 연결하기 (40점)	자신의 삶과 연결 지어 제시된 질문에 답변하고 알맞은 근거를 제시함.	40점
	자신의 삶과 연결 지어 제시된 질문에 답변하고 근거를 제시했으나, 일부 근거가 논리적이지 않음.	30점
	자신의 삶에 관한 이야기를 했으나 주제와 맞지 않음.	20점
	제시된 질문에 답하지 못함.	10점

▲ 평가 루브릭

문항 제작

'주제 이해하기'에서는 내용의 이해 정도를 평가하고 싶었다. 따라서 학생들이 책의 각 에피소드를 성실히 읽어 내려갔다면 어렵지 않게 답변할 수 있는 질문을 세 개 만들었다.

- 질문 1. 재활용이 소비의 면죄부가 되면 안 된다고 한 이유가 무엇일까요?
- 질문 2. '고기 없는 월요일'은 왜 만들어졌을까요? 또 이에 대한 자신의 의견을 말해 주세요.
- 질문 3. '물은 기본권이다'라는 주장에 대해 자신의 의견을 말해 주세요.

'사례 탐구하기'에서는 사례를 통해 개념의 이해 정도를 파악하는 것이 목표였다. 특정 사례를 찾아 이야기해도 되지만, 책의 내용을 아우를 수 있는 질문을 제시하고자 했다. 그래서 어떤 사례를 근거로 삼든 답변할 수 있는 질문들을 만들어 보았다.

- 질문 1. '착한 소비는 없다.'의 의미가 무엇일까요? 사례를 활용해 말해 주세요.
- 질문 2. 지속 가능한 사회의 의미가 무엇일까요? 사례를 활용해 말해 주세요.
- 질문 3. 환경문제는 개인에게만 책임을 물을 수 없다고 합니다. 사례를 활용해 그 이유를 말해 주세요.

'나와 연결하기'에서는 '나'의 일상과 감정에 집중하도록 하고 싶었다. 학생들이 평가를 준비하며 일상을 성찰해 보길 바랐고, 자신의 감정을 준비하고 말하는 과정에서 학습 내용이 더욱 내면화될 것이라 생각했다. 또한 마지막 질문을 통해 평가 전체의 난이도를 조절할 계획이었다. 앞선 두 질문에 대한 대답이 아쉬웠다면 '질문 1'을 제시하여 보다 부담 없는 구술의 기회를 주고자 했다.

- 질문 1. 글과 관련하여 성찰하고 싶은 나의 일상이 있나요?
- 질문 2. 작가가 제시한 방법 중 실천해 보고 싶은 것이 있나요? 이유도 함께 말해 주세요.
- 질문 3. 자료를 읽는 중, 또는 읽고 나서 어떤 감정이 들었나요? 이유도 함께 말해 주세요.

평가 요소별로 한 문제씩 총 세 문제 정도가 좋다. 가치·태도와 관련된 질문은 쉽고 간단하게 구성해야 한다. 그래야 학생이 자신의 생각을 풍부하게 말해 보는 경험을 얻게 될 것이다. 사례와 관련된 질문이 있다면 자료에 사례도 제시해야 한다.

영역별 질문의 개수도 중요하다. 여러 개의 질문을 제시하고 '학생이 선택하게 할 것인지, 질문 뽑기를 할 것인지, 교사가 임의로 질문을 던질 것인지'도 미리 설정해 두어야 한다. 실제로 진행한 평가에서는 준비된 아홉 개의 문제 중 교사 임의로 요소별 한 문제씩을 뽑아 학생들에게 제시했다. 학생들이 질문을 선택하도록 하면 아홉 개의 질문 중 여섯 개의 질문은 고민도 연습도 하지 않을 상황이 걱정되었기 때문이다. 교사가 임의로 질문을 지정할 때에는 학생들에게 미리 공지해 둔다. 덧붙여 아홉 개의 질문 모두 고민해 봐야 한다고 강조한다.

평가 순서 정하기

번호순이 아닌, 학생들이 자율적으로 지원하기를 유도했다. 평가는 한 차시에 끝나지 않기 때문에 앞 번호 학생들의 불만을 해결하기 위해서는 자원하도록 하는 것이 좋다. 하지만 누구라도 먼저 평가를 받겠다고 손을 들기는 어려울 것이다. 조금이라도 더 준비 시간을 벌고 싶을 것이다. 그래서 학생들에게는 먼저 지원한 사람에게 혜택이 있다는 공지를 미리 해 둔다. "먼저 지원하는 친구는 그 용기가 고마워서 작은 혜택을 줄게요. 당연히 점수를 더 줄 순 없지만, 충분히 심호흡할 수 있는 시간을 줄게요! 너무 긴장되면 같이 복도를 잠깐 걸으며 응원도 해 주겠습니다. 그러니 용기를 내 봐요." 학생들은 웃었고, 절반 정도 되는 학생이 먼저 하겠다며 손을 번쩍 들었다. 일곱 개 반 중 여섯 개 반이 그랬다. 지원자가 적어 당황스러울 수도 있지만, 여러 번 독려한다면 분명 학생들의 자발로 순서를 정할 수 있다.

　세부 사항을 설정할 땐 먼저 평가를 실시했던 선생님들의 경험담이 큰 도움이 된다. 평가 과정 중 일어날 수 있는 다양한 상황을 미리 알 수 있다면 이를 교육적으로 승화시킬 준비를 할 수 있다. 순서를 정하는 방법, 구체적인 피드백 방법, 차시의 구성과 답변 시간 등 세세한 준비들이 쌓여 갈수록 미지의 걱정은 점점 가벼워진다.

너도나도 즐거운 평가

텍스트 읽기

　실제 평가는 '텍스트 읽기-연습-구술'의 세 덩어리로 이루어지는데, 가장 먼저 텍스트 읽기를 한다. 책의 수많은 내용 중 다섯 개의 에피소드를 추렸다. 이야기의 양이 길지 않기 때문에 교사가 읽는 속도를 기준으로 5분 정도면 충분한 텍스트이다. 하지만 읽는 속도는 학생과 교사가 다르고 학생들끼리도 다르다. 또한 함께 책을 읽어 보자 해도 모든 학생이 45분 동안 집중력을 갖고 글을 읽을 리 만무하다. 다른 생각에 빠져 다 읽지 못하는 학생뿐만 아니라 빠른 속도로 다 읽어 내려간 뒤 짝꿍에게 말을 걸 학생의 모습도 눈에 선하다. 학생들이 자신의 호흡으로 읽는 게 가장 좋겠지만 제한된 시간 안에 내용을 이해하도록 할 방법이 필요하다. 그래서 랜덤 낭독을 해 보기로 했다. 한 학생이 소리 내어 글을 읽고 다른 학생들은 손가락이나 펜을 들고 글자를 따라간다. 그러다 집중력을 잃어 가는 학생이 보이면 그 학생에게 낭독해 볼 것을 권했다. 약간의 긴장감이 생겼고 대다수의 학생이 긴 시간의 낭독을 해냈다. 3개의 이야기가 끝나면 1분 남짓 휴식 시간을 가졌다. 옆 친구의 컨디션을 확인해 보자, 목을 다섯 바퀴 돌려 보자, 눈을 세게 5초 정도 감았다 떠 보자 등 환기를 위한 여러 방법도 나름 성공적이었다. 낭독을 권한 학생의 목소리가 너무 작으면 빠르게 다른 학생을 지목했다. 말이 너무 빠르거나 느린 학생의 경우에도 마찬가지 방법을 썼다. 다행히 모든 반의 낭독이 한 차시 안에 마무리되었다. 낭독 시간에 결석한 친구들에게는 따로 시간 내어 꼭 책을 읽어 오도록 했다.

연습

연습 시간에 대한 두려움이 있었는데, 연습 시간을 부여하면 대다수의 학생들이 대본을 쓰고 그걸 암기해 버릴 것 같았다. 그래도 연습은 반드시 필요하다는 조언을 응원 삼아 한 차시의 연습을 진행했다. 학생이 자신의 생각을 정리하며 답변의 개요를 작성할 시간으로 20분을 부여하고, 모둠별로 모의평가를 진행할 20분을 부여했다. 첫 반을 진행해 보니 모든 질문의 답을 구성하기에는 시간이 부족해 학생들이 힘들어했다. 두 번째 반부터는 세 질문 중 마음에 드는 질문 하나씩을 골라 개요를 작성해 본 다음 세 답변의 모의평가를 하니 여유롭게 연습이 진행되었다. 처음 10분은 답변의 개요를 작성하는 데 집중하도록 했다. 자료를 다시 살펴보며 나름의 핵심어들을 선정하고 말을 이어 붙여 보라고 하였다. 그리고 3개의 답변이 모두 준비되면 휴대폰을 수령해 시간을 측정해 보도록 했다. 중얼거리며 혼자 시간을 측정한 학생들의 반응은 대부분 비슷했다. "30초 말할 수 있겠는데요?"

학생들이 30초라고 말한 데에는 이유가 있다. 답변의 길이가 너무 짧아도 되나 하는 생각 때문이다. 답변이 짧아도 내용이 알차고 평가의 조건을 만족했다면 괜찮은 거 아닌가 싶다가도 지나치게 무성의한 답변이 돌아오면 어쩌나 걱정되었다. 그래서 30초를 최소 답변 시간으로 설정해 학생들에게 공지했다. 여학생 반은 대부분 중얼거리며 자신의 생각을 내뱉고 대략적인 시간을 체크해 나갔다. 남자 반의 반응은 이와 딴판이었는데, 30초를 이야기하는 순간 재미있는 불만들이 쏟아져 나왔다. "선생님, 10초도 긴데요?", "말을 엄청 천천히 해도 감점 안 되나요?", "자기소개를 10초 이상 해도 되나요?" 텍스트를 두세 번만 읽어 봐도 30초는 금방 넘길 수 있을 것이란 말에 학생들은 반신반의하며 휴대폰 초시계를 켰다.

실제 평가를 진행할 때에는 사실 답변 시간이 중요하지 않다고 미리 이야기하고 진행했다. 학생들은 '속았다'는 표정을 지었지만 금세 답변 준비에 몰두했다. 풍성한 답변을 구성하려고 여러 번 텍스트를 읽는 학생들의 모습들을 보며 이 '30초'가 꽤 효과적인 장치였음을 느꼈다.

문장의 맺음을 '요'보다는 '다'로 연습하도록 했다. 공식적인 말하기에서는 문장을 '다'로 끝맺는 게 조금 더 설득력 있는 말하기처럼 보인다는 생각 때문이다. 교사의 잦은 당부에도 '요'가 익숙한 학생들은 거의 모든 답변을 '요'로 마무리했다. 그렇다고 그것을 막거나 따로 피드백하지는 않았다.

---

1. 답변은 30~90초 정도가 적당(혼자 중얼거리며 연습!)
2. 대본을 적는 게 아니야! 외우는 건 도움이 안 돼! 핵심어 위주로 정리해 보자.
3. 피드백은 친절하게, 다정하게! 예시) 방금 발표 진짜 좋았어. 그런데 ~점은 이러면 더 좋을 거 같아!
4. '~요' 보다는 '~다'를 적극 활용
5. 말 빠르기, 목소리 크기, 시선 처리 등도 조언해 보자!

▲ 연습 차시 ppt 슬라이드 1

모둠별 연습을 시작할 때에는 한 모둠이 앞으로 나와 진행 방법의 예를 시연하도록 했다.

① 가위바위보로 첫 번째 답변자를 정한다.

② 답변자의 오른쪽 학생은 답변자가 준비한 질문을 확인하고 평가

자의 역할을 수행한다.
③ 답변자 왼쪽 학생은 답변자 시야에 살짝 걸리게 휴대폰 초시계를 들고 있는다.
   - 말 속도를 조절하거나 늘어지는 걸 확인하기 위한 장치이다.
④ 의자를 돌려 답변자와 평가자가 마주 보고 앉도록 한다.
   - 서로의 눈을 마주치는 순간 민망함에 웃음이 새어 나오는 학생들이 많다. 다음 시간은 실제 평가이니 진지하게 연습할 소중한 기회라고 안내하며 분위기를 환기시킨다.
⑤ 답변자가 한 번에 세 가지 질문을 모두 답하면 청자의 집중력이 흐려진다. 그래서 하나의 답변이 완료되면 모둠원 전체가 피드백을 한 뒤 다음 차례 학생에게 답변의 기회를 넘기도록 한다.
⑥ 갈등이 생기지 않게 최대한 긍정적인 말로 피드백하도록 안내한다. 여러 개의 칭찬과 하나의 보완점을 이야기하도록 한다.
⑦ 내용 피드백을 하고 시간 여유가 있으면 말 빠르기, 시선 처리 등의 기능적 부분도 서로 조언하도록 한다. 몇몇 모둠에서는 내용 피드백보다 기능적인 부분에 더 집중해서 피드백하는 모습이 관찰된다. 순회하며 친구의 발표 내용에 집중해 볼 것을 권한다.
⑧ 다수가 자신이 쓴 글을 보며 이야기하려고 한다. '실제 평가에서는 대본을 보며 이야기하지 않는다. 여러분은 자신의 생각을 말하고, 나는 궁금한 걸 물으며 대화를 이어 나갈 것이니 대본이나 개요를 보지 않고 말하는 연습이 이뤄져야 한다.'고 강조한다.

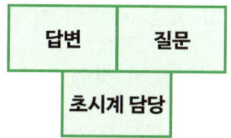

답변	질문
초시계 담당	경청

답변	질문
	초시계 담당

- 첫 순서는 가위바위보로!, 그다음은 시계 방향으로 진행
- 질문자와 답변자는 정면으로 바라보기
- 한 명의 답변이 끝나면 모둠원 전체가 한 마디라도 피드백
- 초시계 담당은 답변자가 볼 수 있게 초시계를 답변자 방향으로 들고 있기
- 한 번에 한 문제씩! 한 사람이 여러 번 답변하면 지루해!
- 답변을 보고 말하지 않기! 안 보고 말하는 걸 연습할 수 있는 귀한 시간!

▲ 연습 차시 ppt 슬라이드2

1. 주제 이해하기

질문 1. 재활용이 소비의 면죄부가 되면 안 된다고 한 이유가 무엇일까요?
질문 2. '고기 없는 월요일'은 왜 만들어졌을까요? 또 이에 대한 자신의 의견을 말해 주세요.
질문 3. '물은 기본권이다'라는 주장에 대해 자신의 의견을 말해 주세요.

평가 요소	수행 수준(채점 기준)	배점
주제 이해하기 (20점)	자료를 활용해 주제에 대해 설명하고, 알맞은 근거를 제시함.	20점
	자료를 활용해 주제에 대해 설명했으나, 일부 근거가 의견에 불과함.	14점
	자료와 관련 없는 내용을 이야기함.	8점
	제시된 질문에 답하지 못함.	2점

▲ 연습 시간 활용 활동지 중 - 평가 요소 1

앞서 언급한 연습 시간의 걱정은 기우였다. 일단 모든 내용을 암기할 만큼 성실한 친구들이 적었고, 암기가 도움이 되지 않는다고 여러 번 강조한 덕분인지 학생들은 이해하고 있는 개념들의 연결 고리를 각자의 말로 이야기해 나갔다. 암기한 학생은 티가 나는데, 그럴 때 추가적인 질문을 던졌다. 단순히 기억을 재생하는 것이 아니라 학생들이 이해한 내용을 순발력 있게 말로 구성해 보는 경험을 해 보도록 하고 싶었다. 물론 추가 질문에 답변을 잘 해내지 못했다고 해서 감점하진 않는다.

구술

구술평가를 진행하면 참 많이 웃게 되는데, 감동의 미소를 짓기도 하고 정말로 너무 웃겨서 박장대소하기도 한다. 평가를 진행하며 즐거웠던 순간들 속에서 기억에 남는 장면들이 있다. 평가는 복도에서 이뤄졌고, 책상 2개와 의자 2개를 조금의 간격을 두고 마주 보게 배치해 두었다. 자신의 순서가 되면 복도로 나와 반, 번호, 이름을 말하고 앉으라고 안내했다. 학생이 앉으면 긴장감을 푸는 간단한 질문을 했다. "책은 많이 읽었나요?", "배는 고프지 않나요?", "먼저 평가를 보겠다고 지원한 이유가 무엇인가요?" 등 짧은 대화를 나누고 평가를 시작했다.

원희는 평소 조용한 학생이다. 교사를 바라보는 시간보다 고개를 숙이고 교과서를 멍하니 바라보는 시간이 더 많다. 표정도 크게 변화가 없어서 수업 시간에 발문을 건네기도 쉽지 않다. 그래서 편견이 있었다. '학업성취도가 높지 않겠지, 대답을 수월하게 못하면 여유를 가지고 인내해 보자.' 등의 우려를 안고 구술평가를 시작했다. 그런데 생각하지 못한 반전이 일어났다. "환경문제는 개인에게만 책임을 물을 수 없다고 합니다. 사례를 활용해 그 이유를 말해 주세요." 두 번째 문항의 질문을 던졌고 답변을 기다렸다. 답변이 마무리되자 놀란 감정을 숨기지 못하고 원희에게 말했다. "직접 생각해 낸 거야?" 개인이 아닌 기업이나 정부의 역할을 간단히 언급하길 기대하며 만든 문제이다. 그런데 원희는 특정 주체가 아닌 사회적 분위기가 중요하다고 이야기했다. 다양한 주체들이 자신의 역할을 다하고 이를 통해 만들어지는 사회적 분위기가 결국 개인의 행동에 어떤 영향을 미치는지 논리적으로 구술했다. 답변의 내용도 훌륭했지만 말하는 모습이 더욱 인상적이었다. 평소 수업 시간에 보이던 심드렁한 표정과 달리 나의 눈을 정확히 바라보며 이야기를 이어 갔다. 자신의 생각을 전달하고 상대방을 설득하려는 의지가 보였다. 다른 질문의 대답도 흥미로웠다. 마지막 성찰 질문에서는 테라포밍을 언급하며 환경문제를 주제로 한 오래된 자신의 고민들을 쏟아 냈다. 원희는 곧 졸업을 앞둔 중학교 3학년이다. 구술평가가 아니었으면 그냥 조용했던 학생으로만 기억되었을 것이다. 2년 넘는 시간을 함께했지만 원희가 어떤 장점을 가지고 있는지 전혀 몰랐다. 늦게라도 원희를 새롭게 볼 수 있어서 다행이었고 앞으로 학생들의 다양한 모습을 살펴볼 수 있는 방법을 찾은 것 같아 기뻤다.

현이 또한 차분한 학생이다. 목소리가 작아 여러 번 발표 내용을 되묻곤 했다. 현이가 교실 문을 열고 나오자 나도 모르게 책상을 조금 앞으로 옮겼다. 그런데 신기하게도 독립된 공간이 마련되자 현이의 목소리 볼륨은 평소보다 몇 단계나 올라갔다. 더 놀라운 것은 "자료를 읽는 중, 또는 읽고 나서 어떤 감정이 들었나요? 이유도 함께 말해 주세요."라는 질문에 대한 현이의 마지막 답변이었다. "어린 시절부터 환경에 관심이 생겨 여러 가지 활동을 했습니다. 환경과 관련된 책을 같이 쓰기도 했고요. 그런 활동을 하며 아무리 노력해도 세상은 바뀌는 것 하나 없을 것이란 말을 자주 듣곤 했습니다. 그런데 책을 읽으며 환경을 생각하고 노력하는 사람이 많다는 느낌을 받아 좋았습니다." 차분히 답변하던 현이의 목소리가 떨리기 시작했는데, 울컥하며 말을 이어 나가는 현이의 표정에서 진심이 느껴졌다. 글쓰기 수행평가에서도 감정을 묻는 문제를 출제해 본 적이 있다. 순간순간 자기감정을 들여다보는 시간과 힘은 학생들이 앞으로 살아 나갈 세상에서 꼭 필요하다고 생각해서 평가 요소로 구성한 것이었다. 그런데 의도와는 달리 감정을 적어 낸 학생들의 글에서 에너지를 느끼기는 쉽지 않았다. 반면 마주 보며 감정을 이야기하는 것은 달랐다. 목소리에 톤, 빠르기, 크기와 표정이 곁들여질 때 비로소 온전히 감정이 전달되었다. 자신이 느낀 바를 정성스레 설명하는 학생이 많았다. 듣고 말하는 과정에서만 경험할 수 있는 멋진 순간들이다.

우주는 공부를 싫어한다. 공부를 하지 않아도 충분히 잘 살아갈 수 있다고 이야기하며 매일 재밌거리를 찾아 나서는 개구진 학생이다. 그래서 구술평가에 어떻게 임할지 걱정이 되었다. 낭독은 열심히 했으나 답변을 성실히 준비하지 않았을 것 같았다. 우주가 복도로 나왔고 의자에 앉자마자 먼저 말을 건넸다. "선생님, 저 근데 아무것도 모르겠는데 뭘 말하면 돼요?" 예상했으니 당황하지는 않았지만 막막했다. 아무것도 답하지 않는다면 이 시간이 학생과 나에게 무슨 의미인가. 그래도 일단 첫 번째 질문을 시작했다. "일단 평가이니 뭐든 대답해 보자. 재활용이 소비의 면죄부가 되면 안 된다고 합니다. 그 이유가 무엇일까요?" 복도에는 침묵이 찾아왔고 먼저 입을 뗀 건 우주였다. "그게 무슨 말이에요?" 나도 모르게 웃음이 나왔고, 문제를 조금 더 쉽게 풀어 설명했다. "재활용을 할 것이니 마음껏 소비해도 괜찮은 듯이 행동하면 안 되는 이유가 무엇일까요?" "재활용해도 쓰레기가 되니까요." 우주가 망설임 없이 대답했고 질문을 이어 갔다. "맞아요. 재활용을 아무리 잘해도 언젠가는 쓰레기가 됩니다. 그렇다면 우리는 어떻게 해야 할까요? 무엇을 해야 할까요?" "친환경 물품을 써야죠." "오, 그렇지. 또?" "오래오래 써야죠." "좋아요. 좋은 답변입니다. 가장 중요한 건 물건 자체를?" "덜 사야죠." "맞습니다. 필요한 것만 사는 실천이 중요하죠." 사실 이때부터는 평가라고 부르기 어려운 시간이다. 언뜻 보면 마치 개별 과외 시간 같다. 나머지 두 질문도 수행평가라기보다는 우주를 위한 짧은 수업처럼 진행되었다. 1학기 두 번의 글쓰기 평가에서 이름만 적어 제출했던 우주였다. 이번 주제로 글을 써 보게 했다면 아마 비슷한 결과가 나왔을 것이다. 그런데 이번엔 적어도 우주는 주제에 맞는 내용을 말했다. 조건에도 맞지 않고 답변 대부분이 오류였지만 읽은 내용을 떠올리기 위해 인상 쓰고 있는 우주의 모습이 보기 좋았다. 조금이라도 답변했으니 루브릭에 맞춰 최하점보다는 한 단계 높은 점수를 부여했다. 생각보다 낮지 않은 점수에 만족해 하는 우주의 표정에서 구술평가의 매력 포인트를 느꼈다.

    마지막으로, 평가 기간 중 복도를 걷다 한 학생이 갑자기 나를 불러 세웠다. "쌤, 최근에 이렇게까지 칭찬받아본 적 없어요. 정말 감사합니다. 선생님." 빈말을 자주 하는 학생이 아니란 걸 알아서 그런지 괜히 가슴이 벅차오르는 역피드백이었다.

    평가를 진행하는 동안 다른 학생들은 교실에 남겨진다. 물론 답변 준비를 위해 집중하고 있지만 평가를 마친 학생들이 걱정이었다. 자습 시간을 줄까 고민하다가 간단한 활동지를 만들어 보았다. 말로 표현한 자신의 생각을 글로 다시 정리하는 활동을 했다. 이 과정에서 자신의 답변을 보완할 수 있을 거라 기대하며 평가를 마치고 교실로 들어가는 학생들에게 한 장씩 활동지를 건네주었다. 하지만 기대와 달리 결과는 대실패였다. 많은 학생들이 아주 빠르게, 무성의하게 한두 줄 작성하고 친구들과 떠들기 시작했다. 글로 정리해 보는 아이디어가 잘못되었다고 생각하지는 않지만, 단순히 정리해 보자고 제안한 것은 준비 부족에서 온 실수였다. 단계를 설정해도 되고 조건을 마련해도 좋았을 것이다. 다음은 학생들에게 나눠 주었던 자습 시간 활용 활동지이다. 뒷면에는 글로 정리해 보도록 줄글 칸을 만들었다.

- 평가 보느라 수고했습니다. 준비한 만큼 잘 답변했나요? 조금 아쉬움이 남나요?
- 뒷장 줄글 칸에 선생님께 답변한 내용을 다시 글로 정리해 봅시다. 더 좋은 답변이 생각난다면 보완해 적어 보세요. 자기 자신에게 피드백을 해 보는 시간인 거죠.
- 책도 천천히 다시 읽어 보세요. 수고했습니다.

질문 1. 재활용이 소비의 면죄부가 되면 안 된다고 한 이유가 무엇일까요?
질문 2. '고기 없는 월요일'은 왜 만들어졌을까요? 또 이에 대한 자신의 의견을 말해 주세요.
질문 3. '물은 기본권이다' 라는 주장에 대해 자신의 의견을 말해 주세요.

평가 요소	수행 수준(채점 기준)	배점
주제 이해하기 (20점)	자료를 활용해 주제에 대해 설명하고, 알맞은 근거를 제시함.	20점
	자료를 활용해 주제에 대해 설명했으나, 일부 근거가 의견에 불과함.	14점
	자료와 관련 없는 내용을 이야기함.	8점
	제시된 질문에 답하지 못함.	2점

질문 1. '착한 소비는 없다'의 의미가 무엇일까요? 사례를 활용해 말해 주세요.
질문 2. 지속 가능한 사회의 의미가 무엇일까요? 사례를 활용해 말해 주세요.
질문 3. 환경문제는 개인에게만 책임을 물을 수 없다고 합니다. 사례를 활용해 말해 주세요.

평가 요소	수행 수준(채점 기준)	배점
사례 탐구하기 (40점)	주제에 맞는 사례를 찾고 해당 사례가 주제와 어떻게 연결되는지 제시하였으며, 제시한 근거가 모두 논리적임.	40점
	주제에 맞는 사례를 찾고 해당 사례가 주제와 어떻게 연결되는지 제시했으나, 일부 근거가 논리적이지 않음.	33점
	주제에 맞는 사례를 찾았으나, 해당 사례와 주제의 연결 고리를 제시하지 못함.	26점
	주제에 맞지 않는 사례를 제시함.	19점
	제시된 질문에 답하지 못함.	12점

질문 1. 글과 관련하여 성찰하고 싶은 나의 일상이 있나요?
질문 2. 작가가 제시한 방법 중 실천해 보고 싶은 것이 있나요? 이유도 함께 말해 주세요.
질문 3. 자료를 읽는 중, 또는 읽고 나서 어떤 감정이 들었나요? 이유도 함께 말해 주세요.

평가 요소	수행 수준(채점 기준)	배점
나와 연결하기 (40점)	자신의 삶과 연결 지어 제시된 질문에 답변하고 알맞은 근거를 제시함.	40점
	자신의 삶과 연결 지어 제시된 질문에 답변하고 알맞은 근거를 제시했으나, 일부 근거가 논리적이지 않음.	30점
	자료와 관련 없는 내용을 이야기함.	8점
	제시된 질문에 답하지 못함.	2점

'자주 말을 건네야겠다. 자주 질문해야겠다. 약간의 긴장감을 가지고 생각을 뱉어 내는 기회가 많이 필요하다.' 구술평가가 마무리될 때쯤 계속 떠오르던 생각들이다. 학생들의 부담을 줄여 주면 말하기가 조금 더 쉽게 다가오지 않을까? 그렇다면 칭찬이 필요하다. 그간의 갈증을 풀 듯 정성을 다해 피드백을 건넸다. 타인에게 평생 건넬 칭찬을 2주 사이에 다 해 버린 느낌으로. 이런 점은 일대일 평가 방식의 장점이다. 일대일은 용기를 건네기에 좋다. 간지러워 건네지 못했던 말들도 서슴없이 나온다. 몰랐던 장점을 찾게 하고 진심으로 칭찬할 수 있게 한다. 여러모로 즐거웠던 평가가 무사히 마무리되었다.

편리함이 앗아가 버린 각별함

구술평가는 학생들의 이해력·표현력·판단력·사고력·의사소통능력 등을 평가하는 방법이다.(백순근, 2002) 구술평가는 짧은 시간으로 학습자의 다양한 역량을 살펴볼 수 있어 효율적이면서 효과적인 평가 방법이다. 채점의 편리함은 덤이다. 또한 대안적, 직접적 성격의 평가를 마련한다는 교사 스스로의 만족감도 크다. 구술평가의 매력을 알아 버리고 나니 학생들의 생각을 귀로 듣고 싶어진다. 눈을 마주치며 이야기를 듣고 잘 이해하고 있는지 질문하고 싶다. 구술평가로 다룰 만한 주제는 정말 많다. 물론 지속적으로 구술평가를 진행하기 위해서는 많은 것이 보완되어야 한다. 개인적으로 구술평가를 진행하면서 가장 컸던 아쉬움은 학생들에게 질문의 선택권을 주지 않은 점이다. 요소별 세 개의 질문을 준비했는데, 학생들에게 질문을 선택하게 해 버리면 다른 두 질문은 신경조차 쓰지 않을 거라 생각했다. 하지만 학생들 입장에서 생각해 보면 당연히 모든 질문을 읽고 고민하며 스스로 답변해 본 뒤 가장 자신 있는 것을 선택할 것이다. 그렇다면 더욱 자신감 있는 말하기가 이뤄졌을 것이고 교사의 추가적인 질문에도 어렵지 않게 답할 수 있었을 것이다. 교사가 임의로 질문하겠다고 공지했지만 학생들마다 자신 있는 질문은 각각 달랐다. 그리고 그 질문이 나오기를 간절히 바랐다고 했다. 앞으로는 더 많은 질문을 제시해 학생들에게 사유의 기회를 풍부하게 제공하도록 해야겠다. 또한 학생이 가장 자신 있는 질문을 선택하도록 해 더 풍부한 말하기로 이끌어 봐야겠다.

평가의 전 과정이 4차시 안에 끝난 반도 있고, 5차시가 필요했던 반도 있다. 일주일에 2차시 편제인 중학교 3학년 사회에서는 차시 부담이 크다. 그렇다면 더 효율적인 방법을 고민해 봐야 한다. 모둠 평가로 평가 시간 자체를 줄이는 방법도 있고 수행평가 요소 중 하나만을 구술평가로 구성하는 방법도 도움이 될 것이다.

평가를 위한 텍스트 읽기도 다소 어색했다. "같이 책을 읽어 보자. 책 내용으로 질문을 만들고 평가를 진행할 거야."라는 말이 자연스럽지 않았다. 수업과 평가의 맥락이 이어지길 바라는 마음 때문이다. 가장 이상적인 방법은 텍스트를 활용해 수업을 진행하고 이를 구술평가로 연결하는 형태일 것이다. 텍스트 분량의 아쉬움도 크다. 다섯 개의 에피소드를 한 번 읽는 데 40분 정도가 필요했다. 이야기를 다섯 개나 선택한 것은 욕심이었다. 텍스트의 볼륨을 줄이고 질문을 더 제시했다면, 연습 시간을 더 부여했다면, 학생들에게 보다 깊은 배움이 일어나지 않았을까.

아직은 글쓰기 평가가 익숙하다. 익숙하니 편리하다. 아무리 좋아 보이는 평가라도 준비 과정이 복잡하고 어려우면 선뜻 실천하기 어렵다. 번거로워 보인다면 접근성은 더욱 떨어진다. 하지만 평가에는 각별함도 필요하다. 학생들 한 명 한 명의 표정을 깊게 들여다보는 시간은 분명 각별하다. 그런데 더위가 복병이었다. 평가가 이뤄지는 시기는 9월 초에서 중순이었고 복도는 후덥지근해서 온몸이 땀범벅이었다. 학생들과 이야기 나눈 환경 주제를 절묘하게 강조하는 더위였다. 학생들이 자신의 목소리로 환경의 고민을 표현했던 시간이 오랜 기억으로 남기를 바란다. 글로 적었을 때와는 또 다른 방향의 다짐이 있었기를, 땀이 조금 덜 흐르는 9월의 복도가 되기를 바라 본다.

수업·평가 활용 자료

『착한 소비는 없다』 (최원형, 자연과생태)

소비를 크게 네 가지 영역으로 구분하고, 소비가 초래하는 부작용을 다룬다. 사소한 수고로움이 가져오는 지속 가능성을 이야기하며, 똑똑한 소비의 개념을 안내한다. 다섯 쪽 분량의 수십 가지 이야기가 엮여 있고, 일상의 성찰을 토대로 환경문제를 논의할 수 있어 수업 활용도가 높다. 옷, 여행, 동물원 등 접하기 쉬운 소재로 오염의 과정을 살펴보며, 개인적 차원에서 실천할 수 있는 대안을 제시한다.

『그건 쓰레기가 아니라고요』 (홍수열, 슬로비)

정확한 분리배출 방법을 안내하며 낭비되는 자원과 소비자로서 갖춰야 할 자세를 이야기한다. 분리배출의 방법보다 '왜 그렇게 버려야 하는지'를 먼저 설명하며 독자의 공감과 행동 변화를 유도한다. 개인의 분리배출 방안뿐 아니라 생산자의 책임도 강조하며, '쓰레기 연대'를 통한 실천을 목표로 제시한다. 환경문제를 바라보는 정치의 역할도 함께 다루고 있어 중학교 환경 쟁점 부분과 연계하여 수업을 구성할 수 있을 것이다.

『숨 쉬는 소설』 (최진영 외, 창비교육)

통계자료와 그래프가 익숙한 환경 수업에 변화를 주고 싶을 때 도움이 되는 책이다. 화학물질, 육식 문화, 플라스틱 문제 등 환경과 생명을 주제로 한 여덟 편의 짧은 소설이 담겨 있어 학생들의 생태 감수성을 기르는 데 도움된다. 중학교 환경 단원에서 다루는 기후변화, 오염, 환경 쟁점 주제와 연결되는 작품들 평가에 활용하기 적절할 것이다.

통계가 말하는 다문화사회,
통계로 말하는 문화다양성

[통합사회]_행정안전부 보도 자료(2023.11.8), 「다문화주의와 다문화정책에 대한 정책 참여자들의 태도와 성향 분석」 (임동진·박진경, 한국정책과학학회보)

인공지능 시대에 스스로 생각하고 표현하는 힘

 질문만 던지면 몇 초 만에 뚝딱 답을 내놓는 생성형 인공지능이 등장한 이후, 평가에 대한 고민이 더 깊어졌다. 탐구 주제 선정부터 자료 수집 및 분석, 주제에 대한 의견까지 프롬프트만 잘 구성하면 생성형 인공지능은 순식간에 만점 가까운 답변을 내놓는다. 숙고의 시간을 거쳐야 완성할 수 있는 과제도 질문 한 번에 인공지능이 바로 해결해 주는데, 인공지능의 유혹을 뿌리치기가 여간 어려운 일이 아닐 것이다. 생성형 인공지능은 사회과에서 측정하고자 하는 단순한 지식, 기능의 영역뿐만 아니라 가치·태도 영역의 평가에서까지도 학생들에게 활용되고 있다. 심지어 창의적 사고력 및 문제해결력을 요구하는 '사회문제 해결 방안 제시하기' 과제에서도 흔히 쓰인다. 더 심각한 문제는 학생이 완성한 과제가 생성형 인공지능을 사용한 것인지 교사가 정확하게 판독할 수 없다는 점이다. 빠른 속도로 진화하는 생성형 인공지능 기술과 달리 그 활용에 대한 적절한 기준과 지침이 없는 현 상황은 교실 현장의 평가를 더 어렵게 만들고 있다. 생성형 인공지능을 과제에 사용하면 감점하겠다고 경고하기도 하고, 전자기기 자체를 쓰지 않는 평가 방식을 구상해 보기도 했다. 하지만 미리 준비한 답변을 외워 오는 학생들이 생겨났고, 자료수집 단계가 포함된 과제에서 전자기기 사용을 제한하기에는 무리가 있었다.

    글쓰기 중심의 평가에서 학생들이 활용하는 생성형 인공지능을 물리적으로 막을 방법이 마땅히 떠오르지 않던 와중에 구술평가도 서·논술형 평가와 동일한 형태의 루브릭으로 평가할 수 있다는 것을 알았다. 방식만 바꾸면 학생은 평가의 순간 그 무엇의 도움도 받을 수 없다. 교사와 대면해 구술하는 그 순간은 오로지 자신의 힘으로 평가받아야 한다. 생성형 인공지능이 과제를 해결해 주는 시대에 구술평가는 학습 주제에 관한 질문을 학생 '스스로' 깊이 생각하고 표현할 수 있는 평가가 되겠다는 기대감이 들었다. 하지만 구술평가는 정형화된 방법이나 틀이 있는 평가가 아니었고, 사회과 수업이나 평가로 참고할 만한 사례도 많지 않았다. 어떻게 시작할지 계획을 수립하는 일부터 막막했지만, 학생들이 제 생각을 글이 아닌 말로 표현할 뿐이지 평소 자연스레 해 오던 글쓰기 평가와 다를 게 없다고 스스로 다독이며 맨땅에 헤딩하듯 시작해 보기로 했다.

물음표 가득했던 준비

구술평가 준비를 시작하며 '이 주제를 택하면 어떤 텍스트를 가져올 수 있을까?', '어떤 텍스트를 선정해야 주제를 관통하는 질문으로 이어질까?', '성취기준에 맞는 질문은 어떻게 제작할까?', '구술에 대한 피드백은 어떻게 해야 할까?', '평가 내용은 생활기록부에 어떻게 기재할까?'와 같은 의문이 꼬리에 꼬리를 물었다. 준비 단계부터 물음표만 가득했지만 곰곰이 생각해 보니 서·논술형 평가를 했어도 같은 고민을 했을 거라는 생각이 들었다. 매 학기 해 오던 평가를 떠올리며 계획을 수립하기 시작했다. 평가의 주안점은 학생들 '스스로' 생각하고 답하는 것에 있으므로 구체적인 질문지를 사전에 공개하지 않는 것을 원칙으로 하고, 일대일 개별 구술평가 형태로 진행하며, 구술한 내용과 태도를 성찰할 수 있는 기회를 제공하겠다는 계획을 세웠다.

그래서 나름 구술평가의 단계를 ①주제 선정 ②관련 텍스트 선정 ③질문 구상 ④평가 루브릭 구상으로 설정했다. 하지만 주제를 선정하는 와중에 학기가 시작되었고, 평가 계획 제출의 압박으로 ②번을 건너뛰고 ③, ④번을 동시에 진행했다. 텍스트 선정 없이 가상의 자료를 상상하며 평가 기준과 질문을 정했고, 이후 상상한 내용을 담고 있는 적절한 텍스트를 찾기 위해 힘겨운 시간을 보냈다.

먼저 평가 단원은 고등학교 1학년 [통합사회] 'Ⅶ. 문화와 다양성 4. 다문화사회와 문화적 다양성의 존중'으로 정했다. 평가 방법이 구술일 뿐 어떤 주제든 다룰 수 있겠다는 생각에 가르치고 있는 단원 중 지필 평가 시기와 겹치지 않게 진도를 나갈 수 있는 단원으로 선정했다. 해당 단원의 성취기준은 다음과 같다.

[10통사07-04] 다문화사회에서 나타날 수 있는 갈등을 해결하기 위한 방안을 모색하고, 문화적 다양성을 존중하는 태도를 갖는다.

성취기준을 바탕으로 사회과의 지식, 기능, 가치·태도의 영역을 종합적으로 평가할 수 있는 루브릭을 구성해 보았다. 특히 표현력, 단순 말하기 능력과 같은 기능적인 측면을 평가하지 않도록 경계하며 평가 계획을 세웠다. 주제에 관한 개념 이해부터 이론의 적용, 주어진 자료를 바탕으로 사회현상을 분석하는 능력, 창의적인 해결 방안을 제시하는 능력, 평가 전반을 성찰하는 태도까지 골고루 평가하기 위한 준거를 구성했다.

주제 선정 이후, 평가 루브릭 구성과 동시에 질문을 만들었다.

평가 문항	평가 요소 (배점)	평가 준거	점수				
			매우 우수	우수	보통	미흡	매우 미흡
문화 다양성 구술 평가 (100점)	사회현상 분석하기 (30점)	자료에 담긴 사회현상의 원인과 양상, 그로 인한 변화를 논리적으로 분석했는가?	자료에 담긴 사회현상의 원인, 양상, 그로 인한 변화 모두 논리적으로 분석함.	자료에 담긴 사회현상의 원인, 양상, 그로 인한 변화를 분석하였으나 논리성이 다소 미흡함.	자료에 담긴 사회현상의 원인, 양상, 그로 인한 변화 중 한 가지를 분석하지 못함.	자료에 담긴 사회현상의 원인, 양상, 그로 인한 변화 중 두 가지를 분석하지 못함.	자료에 담긴 사회현상의 원인, 양상, 그로 인한 변화 모두 분석하지 않음.
			30	24	18	12	6
	사회문제 해결하기 (40점)	이론을 활용하여 사회문제의 원인을 분석하고 그 해결 방안을 제시했는가?	다문화사회를 설명하는 이론을 활용해 사회문제의 원인을 분석하고 그에 적합한 해결 방안을 개인 차원, 제도적 차원에서 제시함.	다문화사회를 설명하는 이론을 활용해 사회문제의 원인을 분석했으나, 그에 적합한 해결 방안을 1가지만 제시함.	다문화사회를 설명하는 이론을 활용해 사회문제의 원인을 분석하였으나, 제시한 해결 방안과 관련성이 다소 미흡함.	다문화사회를 설명하는 이론을 활용해 사회문제의 원인을 분석하지 못했으며, 제시한 해결 방안과 관련성이 없음.	다문화사회를 설명하는 이론을 활용해 사회문제의 원인을 분석하지 않았으며, 해결 방안을 제시하지 않음.
			40	32	24	16	8
	활동 성찰하기 (30점)	구술 내용과 태도를 스스로 점검하고 성찰했는가?	구술 내용과 태도를 스스로 점검하고, 교사 피드백을 반영한 구술 성찰지를 작성함.	구술 내용과 태도를 스스로 점검했으나, 교사 피드백이 담기지 않은 구술 성찰지를 작성함.	구술 내용과 태도 중 한 가지만 점검했으며, 교사 피드백이 담기지 않은 구술 성찰지를 작성함.	구술 내용과 태도 중 한 가지만 점검했으며, 구술 성찰지를 작성하지 않음.	구술 내용과 태도를 점검하지 않았으며, 구술 성찰지를 작성하지 않음.
			30	24	18	12	6

자료 1) 다문화사회로의 변화를 보여 주는 자료
자료 2) 다문화사회를 설명하는 이론을 담은 자료
자료 3) 다문화사회에서 나타나는 갈등을 다룬 자료

1. 자료 1)을 활용하여 다문화사회로 진입하게 된 원인과 양상을 설명하세요.
2-1. 다문화사회로의 변화가 우리 사회에 미치는 긍정적인 영향을 설명하세요.
2-2. 다문화사회로의 변화가 우리 사회에 미치는 부정적인 영향을 설명하세요.
3. 자료 2)에 제시된 다문화사회를 설명하는 이론 중 하나를 활용하여, 자료 3)에 나타난 갈등의 원인을 분석하세요.
4. 자료 2)에 제시된 다문화사회를 설명하는 이론 중 하나를 활용하여, 분석한 문제의 원인에 적합한 해결 방안을 개인 차원, 제도적 차원에서 한 가지씩 제시하세요.

▲ 평가 루브릭(위)과 질문 구성(아래)

하나의 성취기준을 가지고 평가를 계획하고 보니, 질문 구성이 제한적이었고 학생들의 답변도 거의 비슷하게 나오지 않을까 걱정되었다. 또한 사전에 질문지를 공유하지 않기 때문에, 생각을 정리하고 그것을 말로 표현하는 데 드는 시간이 제각각인 학생들에게 유불리가 생길까 봐 우려되었다. 표현력은 물론 문해력과 같은 기능적인 측면의 평가가 되지 않도록 끊임없이 경계하며, 유불리를 최대한 줄이면서도 다양한 답변을 유도할 수 있는 텍스트로 무엇이 적절할지 고심했다.

질문을 구성하며 상상했던 내용을 담고 있으면서도 여러 고민을 해결할 만한 적절한 텍스트를 찾기 위해 신문 기사, 논문, 통계자료, 법률, 보도 자료, 강연, 소설 등 종류를 가리지 않고 여러 자료를 수집했다. 그중 사회현상을 있는 그대로 담아내지만, 사람마다 다르게 해석할 수 있는 '통계자료'가 학생들의 다양한 답변을 유도할 수 있는 좋은 텍스트라고 판단되었다. 통계자료는 다른 텍스트에 비해 읽는 시간이 비교적 적게 든다는 점이 매력적이었고, 통계를 올바르게 읽는 방법을 아는 것이 사회과학연구에 필요한 자질이라고 생각하던 차였다. 실증적인 통계자료에 담긴 사회현상의 양상을 논리적으로 분석할 수 있는지, 통계자료를 활용해 자신의 주장을 펼칠 수 있는지를 점검한다면 성취기준을 바탕으로 제작한 평가 준거 도달 여부를 더욱 쉽게 파악할 수 있을 것으로 기대했다.

통계자료를 해석하는 데 익숙하지 않은 학생들을 위해 다문화사회로의 변화를 담은 통계를 줄글로 분석한 행정안전부의 보도 자료를 자료 1)로 선정했다. 보도 자료의 내용을 보고 국내 거주 외국인 주민 증가세와 그 변화 양상을 파악해 질문 1번과 2번에 답하도록 했다. 이어 질문 3번, 4번에 답변하도록 하기 위해서는 다문화사회를 설명하는 이론에 대한 자료가 필요했다. 이미 수업 시간에 한 번 학습했으나, 해당 이론을 정확히 이해하고 있으며 적용 가능한지 살피기 위해 'Castles & Miller(2009)의 다문화정책 유형'을 보기 좋게 정리한 논문을 자료 2)로 선정했다. 자료 3)은 다문화사회에서 나타나는 갈등 중 결혼이민자·귀화자 등이 한국 생활에서 느끼는 어려움을 담은 통계자료를 재구성하여 만들었다. 해당 자료는 한국 생활에서의 어려움을 구분하는 범주가 10가지나 되는 것이 특징이며, 학생들은 3년마다 조사된 4개년의 결과를 활용해 자료 2)의 이론과 연결 지어 문제의 원인을 분석해야 한다. 그 이유만 타당하다면, 정답이 없는 질문이므로 어떤 부분을 중점에 두고 통계를 해석하느냐에 따라 학생들로부터 여러 답이 나오리라 기대했다.

자료 1) 국내 거주 외국인 주민 수 226만 명, 총인구 대비 4.4% 최대 규모 기록, 2023.11.8.(행정안전부)

> **국내 거주 외국인 주민 수 226만 명, 총인구 대비 4.4%, 최대 규모 기록**
> - 전년 대비 12만 명 증가하였으며, 유학생이 3만 명 증가하여 증가세에 큰 영향
> - 수도권 거주 외국인 주민 6만 명 증가하였으며, 외국인 주민의 59.4%가 수도권에 거주

□ 우리나라에 거주하는 **외국인 주민 수**는 **226만 명**으로, **총인구 대비 4.4%**에 이르는 것으로 나타났다.
○ 이는 가장 많은 인원이 집계된 2019년(222만 명)보다 4만 명 증가한 규모로, 코로나19로 인한 외국인 주민 감소세가 멈추고 가파르게 반등하는 추세로 돌아섰다.
□ **행정안전부(장관 이상민)**가 통계청의 인구주택총조사 자료를 분석하여 발표한 「**2022년 지방자치단체 외국인 주민 현황**」에 따르면, 2022년 11월1일 기준 3개월 초과 국내 장기 거주 외국인 주민 수는 총 225만 8,248명*으로 **전년 대비 12만 3,679명(5.8%↑) 증가**한 것으로 나타났다.
○ 특히 전년 대비 유학생(+3만 2,790명, 20.9%↑) 및 외국국적동포(+2만 9,000명, 7.9%↑)의 증가 추세가 두드러져 전체 외국인 주민 증가에 큰 영향을 미친것으로 보인다.

> *법무부 출입국·외국인정책 통계월보에서 '체류외국인'은 국내 장기(90일 초과) 체류뿐만 아니라 단기(90일 미만) 체류 외국인을 모두 포함한 수치로 '23.9월 기준 체류외국인은총 251만 4,159명으로 집계됨(장기체류 183만 8,652명, 단기체류 67만 5,507명)

□ 통계 유형별로 전년 대비 증가세와 인구를 살펴보면,
○ **한국국적을 가지지 않은 자**가 10만 2,379명(6.2%↑) 증가하여 **175만 2,346명**, **한국국적을 취득한 자**가 1만 2,945명(6.1%↑) 증가하여 **22만 3,825명**, **국내출생한 외국인 주민 자녀**가 8,355명(3.1%↑) 증가하여 **28만 2,077명**으로 집계되었다.

[외국인 주민 유형별 현황]

(단위 : 명)

구분	외국인 주민 합계			한국국적을 가지지 않은 자						한국국적 취득자	외국인 주민 자녀 (출생)
	계	남	여	계	외국인 근로자	결혼 이민자	유학생	외국국적 동포	기타 외국인		
'22년	2,258,248	1,159,287	1,098,961	1,752,346	403,139	175,756	189,397	397,581	586,473	223,825	282,077
전체 외국인 주민 대비 구성비		51.3%	48.7%	77.6%	17.9%	7.8%	8.4%	17.6%	26.0%	9.9%	12.5%
'21년	2,134,569	1,090,073	1,044,496	1,649,967	395,175	174,632	156,607	368,581	554,972	210,880	273,722
전체 외국인 주민 대비 구성비		51.1%	48.9%	77.3%	18.5%	8.2%	7.3%	17.3%	26.0%	9.9%	12.8%
증감	123,679	69,214	54,465	102,379	7,964	1,124	32,790	29,000	31,501	12,945	8,355
	5.8%	6.3%	5.2%	6.2%	2.0%	0.6%	20.9%	7.9%	5.7%	6.1%	3.1%

□ 이 가운데 한국국적을 가지지 않은 자의 세부유형을 살펴보면,
○ 소폭 증가세를 보인 **외국인근로자와 결혼이민자**는 각 7,964명(2.0%↑), 1,124명(0.6%↑) 증가하여 각 40만 3,139명, 17만 5,756명으로 나타났다.
○ 한편 **유학생**은 3만 2,790명(20.9%↑) 증가한 18만 9,397명으로, **결혼이민자 수(17만 5,756명)를 처음으로 앞질렀으며**, 꾸준한 증가세를 보이는 외국국적동포는 39만 7,581명으로(+2만 9,000명, 7.9%↑)으로 집계되었다.
□ 지역별로 들여다보면, **전국 17개 모든 시·도에서 외국인 주민이 증가**하였는데, 특히 경기(+3만 7,010명), 서울(+1만 5,546명), 인천(+1만 2,171명) 순으로 증가하였으며, **전체 외국인 주민의 59.4%인 134만 681명이 수도권에 거주**하고 있는 것으로 나타났다.
○ 외국인 주민이 가장 많이 거주하는 **시·군·구**는 안산(10만 1,850명), 수원(6만 8,633명), 시흥(6만 8,482명), 화성(6만 6,955명), 부천(5만 5,383명) 순으로 상위 5개 지역이 **모두 경기도**에 해당된다.
○ 외국인 주민 1만 이상 또는 인구 대비 5% 이상 거주하는 '**외국인 주민 집중거주지역**'은 지난해 대비 **11개 지역 늘어난 97개**이며, 시·도별로 경기 23개, 서울 17개, 경북 9개, 경남 9개, 충남 8개 지역 등이다.

자료 2) Castles & Miller(2009)의 다문화정책 유형

차별배제 모형(differential exclusionary model)은 내국인과 외국인의 차별적 대우를 통해 국가나 사회가 원하지 않는 이민자의 이민 가능성을 차단하는 정책이다. 즉, 이주집단에 따라서 공식적인 권한을 인정하기도 하고 배제하기도 하는 이중적인 접근을 취한다. 이 정책의 목표는 소수 집단의 제거 또는 최소화이며, 국가는 적극적으로 이민을 규제하는 역할을 한다. 문화적으로도 타문화와 분리, 배제를 시도한다. 그러나 차별배제 모형은 이민자 입국의 수요가 발생하는 세계화된 사회 속에서 실현하기에는 현실적으로 어려움이 있고, 인권이나 평등권의 침해라는 문제가 발생한다는 점에서 비판을 받고 있다.

동화주의 모형(assimilationist model)은 이민자가 국민이 되는 것을 전제로 조속히 동화될 수 있도록 지원하는 정책으로 이민자가 출신국의 언어, 문화, 사회적 특성을 완전히 포기하여 주류사회의 일원으로 만드는 것을 정책의 목표로 한다. 따라서 문화적으로도 동질화를 추구하고, 국가는 이민자가 주류사회의 언어를 습득할 수 있도록 돕고 이민자의 자녀가 정규학교에 취학하는 것을 돕는 등 동질화를 위한 제한적 지원을 한다. 그러나 동화주의 정책은 이주민 동화가 현실적으로 어려움이 있고, 문화적 다양성을 잠식한다는 측면에서 비판을 받고 있다.

다문화주의 모형(multicultural model)은 소수자의 가치를 동등하게 인정하고 그에 대한 보호를 지원하는 정책이다. 정책의 목표 또한 소수 민족의 주류사회로의 동화가 아닌 공존에 있으며, 궁극적으로는 고유성의 인정을 통한 사회 통합이 목표라고 할 수 있다. 문화적으로도 이질성을 지향하며 국가는 타문화를 보호하기 위해 적극적으로 지원하는 역할을 한다. 다문화주의는 민족의 정체성을 약화시키고 지나친 다양성으로 사회 분열을 초래할 수 있다는 비판을 받고 있다.

임동진, 박진경, 「다문화주의와 다문화정책에 대한 정책 참여자들의 태도와 성향 분석」,
한국정책과학학회보 제16권 제2호(2012.6), p.36

자료 3) 결혼이민자·귀화자 등의 지난 1년 동안 한국 생활에서의 어려움(전국 다문화가족 실태조사, 여성가족부)

	2012	2015	2018	2021
외로움	31.4	18.5	24.1	19.6
가족 간의 갈등	10.0	8.0	8.1	6.5
자녀 양육 및 교육	22.0	22.2	19.0	16.5
공공기관이나 은행 이용	8.1	6.7	6.2	6.1
경제적 어려움	36.1	29.8	26.2	21.0
언어 문제	36.1	27.1	22.3	22.9
생활방식, 문화 차이	10.6	19.6	18.8	15.3
편견과 차별	20.7	15.0	7.4	4.5
친구, 이웃 사귀기	-	-	7.0	7.6
기타	5.2	1.0	1.1	1.5
어려운 점 없음	15.8	25.7	29.9	37.8

(단위:%)

* (-)로 기재된 내용은 조사하지 않은 항목임.

구술평가 진행 전 2차시에 걸쳐 다음과 같이 수업을 진행했다.

차시	교수·학습 활동
1차시	[도입] 통계자료를 활용해 다문화사회로의 변화 추이 살피기 　(통계자료 1) 국내 거주 외국인 추이 (통계자료 2) 다문화가족 인구 추정치 [전개] ① 개념 학습: 다문화사회 등장 배경, 다문화사회의 긍정적 측면, 부정적 측면 학습하기 ② 통계 읽기 활동: 통계자료 분석하는 방법을 학습한 후, 다문화사회로의 변화 추이 분석하기 　– 통계 제목, 범주의 중요성, 변수 간의 관계, 수, 비율, 비중의 의미와 그 차이 등 이해하기 (통계자료 3) 제주 다문화 학생 수 (통계자료 4) 우리나라의 결혼이민자 현황(연도별, 성별, 국적별) ③ 다문화사회의 부정적 측면 중 '제노포비아' 개념 심화학습 (영상 자료) 2011년 노르웨이 연쇄 테러 사건 (신문 자료) 한국의 차별적 제노포비아 사례 기사 　: 테러범 브레이빅의 주장을 바탕으로 우리나라의 제노포비아 성찰하기(이슬람 이민자들의 대량 유입과 다문화주의가 유럽을 파괴하고 있다! 노르웨이도 '대한민국'처럼 문화적 보수주의와 민족주의를 가진 국가로 변해야 한다!) [발문] 테러범의 말처럼 대한민국이 정말 민족주의로 똘똘 뭉친 폐쇄적인 나라일까? [차시 예고] 차별적 제노포비아 문제를 참고해 다문화사회에서 나타날 수 있는 갈등이 무엇일지, 어떻게 해결할지 생각해 보기
2차시	[도입] 우리나라 다문화 캠페인의 변화로 살펴본 다문화를 바라보는 태도 분석하기 (그림 자료 1) 2008년 어느 기업의 다문화 캠페인 광고 (그림 자료 2) 2013년 공익광고 협의회의 다문화 캠페인 광고
2차시	[전개] ① 개념 학습: 다문화를 바라보는 태도(정책 유형) 학습하기 ② 개념 적용 활동: (그림 자료 1, 2)를 다시 살펴보고 해당 광고의 긍정적, 부정적 효과를 분석하기 ③ 사례 분석 활동: 통계자료와 사례를 통해 다문화사회의 갈등 양상 파악하기 (통계자료 5) 한국인 다문화 수용성 지수 (통계자료 6) 인종 차별 실태 모니터링 (사례 자료 1) 외국인 근로자 노동 인권침해 (교과서 자료 1) 다문화 가정 자녀들이 겪는 어려움 ④ 개념 학습: 다문화사회의 갈등 해결 방안 (제도적/사회적/개인적 노력) 학습하기 ⑤ 개념 적용 활동: 다문화에 따른 갈등을 방지하기 위한 공익광고 표어 만들기 [차시 예고] 학습한 내용을 바탕으로 한 문화 다양성 구술평가 안내 및 읽기 자료 배부

구술평가를 통해 개념의 이해, 이론의 적용, 사회현상 분석, 창의적 대안 마련 등 평가하고자 하는 요소들을 제대로 측정하기 위해서는 사전에 개념 학습과 통계 읽기 활동이 필요했기 때문이다.

구술평가 전 통계 읽기 활동에 특히 신경 쓰고 시간을 투자한 이유는 학생들이 사회현상에 대한 자기 생각을 말로 표현하기 전에 논리적, 경험적으로 이해하기를 바라는 마음 때문이었다. 객관적인 수치에 기초한 실증적인 통계 데이터를 통해 여러 변수 간의 상관관계를 분석하고 추론하는 역량은 사회과학적 탐구력, 비판적 사고력, 정보 활용 능력 등 사회과의 목표 및 역량에도 부합한다. 따라서 통계자료에 담긴 숫자 해석에 익숙하지 않은 학생들을 위해 통계 제목과 범주의 의미, 변수 간의 관계, 수와 비율 등 기초적인 통계 문해 방법을 안내하고, 여러 통계자료를 함께 분석하며 다문화사회로의 변화 양상과 다문화사회의 갈등 내용을 살폈다.

통계 읽기뿐만 아니라 구체적인 사례를 통해 다문화사회 관련 개념과 이론을 학습하는 시간을 가졌다. 구술평가 전 질문의 모든 내용은 수업에서 다루기 때문에 학생들이 수업만 열심히 듣는다면 따로 평가를 준비할 필요가 없을 것이라 안내했다. 구술평가가 처음인 학생들 역시 어떤 식으로 평가가 진행될지 감을 못 잡겠다며 평소보다 집중하는 모습을 보이기도 했다.

2차시의 개념 학습이 마무리됨과 동시에 구술평가에 필요한 읽기 자료와 평가 계획서를 배부해 평가 전 읽기 자료를 미리 읽어 오도록 했다. 특히 대본을 미리 작성하거나 외워서 답변해서는 안 된다는 유의 사항을 강조했다. 질문을 사전에 공개하지 않았지만 읽기 자료 자체를 외우려는 학생이 있을까 봐 조심스러웠다. 어떤 질문을 받을지 모르는 상황에 대비해 학생들이 가벼운 마음으로 자료를 미리 읽고 핵심어 위주로 내용을 요약해 오길 바랐다. 한 장의 읽기 자료를 받은 학생들은 미리 안내된 평가 루브릭과 자료를 비교하며 어떤 질문이 나올지 예측하는 일주일을 보냈다.

꼬리 질문으로 진행한 구술평가

구술평가는 계획한 대로 복도에서 1:1로 진행했다. 한 명당 5분 내외로 진행한 후, 평가가 끝나자마자 2분 가량 답변 내용과 구술 태도에 대해 피드백하는 시간을 가졌다. 복도에서 평가를 진행하는 동안 교실에 남아 있는 학생들은 읽기 자료를 읽거나 구술 성찰지를 작성하도록 안내했다. 진도 계획상 하루에 8명씩 5~6분 이내에 평가를 마쳐야 했기 때문에 쉴 새 없이 학생을 복도로 불러내며 구술평가를 진행했고, 교실 내 임장 지도는 거의 할 수 없었다.

평가 순서는 먼저 평가받기를 희망하는 학생을 제외하고 무작위로 추첨했고, 하루에 8명씩 수업 시작 10분 전에 순서를 알려 주었다. 한꺼번에 평가 순서를 공개하면 4차시 뒤에야 평가를 치르는 마지막 순서 학생들의 마음이 마냥 느슨해질 것만 같았다. 평가 10분 전, 긴장감 속에서 칠판에 한 명 한 명의 이름을 쓸 때마다 자신의 순서가 아니라는 안도감에서 터지는 환호가 들렸다. 학생들만큼이나 긴장되고 설레었다.

실제 구술평가에서는 사전에 준비한 질문의 형태보다 학생의 답변에 대한 꼬리 질문의 형태로 평가를 진행했다. 사회현상이 담긴 통계자료를 분석해 답변해야 하는 질문에 대해 학생 저마다의 해석이 달랐고, 같은 통계자료를 활용해 자신의 주장을 펼치는 질문에 대해서도 각자의 생각이 달랐다. 질문 문항 유출로 유불리가 생기지 않을까 하는 걱정, 같은 문답을 250명에게 던지고 받을 생각에 지루하겠다는 생각과 달리, 한 명 한 명 모두 다른 질문과 답변이 오갔다. 평가에 활용된 구체적인 질문 유형을 모두 담아내지는 못했지만, 대략 다음과 같은 질문을 학생들에게 던졌다.

자료 1) 활용 질문

1. 자료 1)을 통해 알 수 있는 우리 사회에 나타난 변화는 무엇인가요?
2. 왜 그런 변화가 나타날까요? (다문화사회로 진입하게 된 원인- 특정 외국인 주민 유형의 유입 원인은 무엇일까요?)
3. (2번 답변의 꼬리 질문의 형태) 한국으로 오는 해당 유형의 외국인 주민 수가 어떤 변화 양상을 보이는지 통계에 나온 수치를 활용해 주장을 강화해 볼래요?
4. (3번 답변의 꼬리 질문의 형태) 해당 유형의 외국인 주민 수 변화가 우리 사회에 미치는 긍정적/부정적 영향은 무엇인가요?

자료 2, 3) 활용 질문

5. 자료 2) 다문화정책 유형 중 1개를 택하고, 그와 관련이 있다고 생각하는 자료 3) 외국인 주민이 겪는 어려움을 1개 택하여 그 원인을 위에 택한 이론과 연결 지어 설명해 보세요. (우리나라가 어떤 다문화정책 유형을 펼치고 있어서 외국인 주민이 어떤 어려움을 겪는가? 또는 어떤 어려움이 줄어들고 있는가? 통계자료를 근거로 활용하여 설명해 보세요.)
6. (필요시 5번 답변의 꼬리 질문의 형태) 해당 정책 유형의 특징을 말해 볼까요? 또는 정책 유형과 어려움의 상관관계를 좀 더 명확하게 설명해 볼까요?
7. (5번 답변의 꼬리 질문의 형태) 그 어려움을 어떻게 해결할 수 있을지 제도적 차원의 대안과 개인 차원의 대안을 하나씩 이야기해 볼까요?
8. (필요시 7번 답변의 꼬리 질문의 형태) 해당 대안은 어떤 정책 유형으로 설명할 수 있을까요?

구술평가 중의 대화 내용은 따로 녹음하지 않았다. 평가와 동시에 바로 채점했고, 평가 종료 직후 피드백이 이루어졌다. 녹음보다 중요한 것은 바로 메모였다. 학생들의 답변 중 핵심 키워드와 보완이 필요한 부분을 평가 중에 빠르게 메모하고, 작성한 메모를 활용해 평가가 종료된 즉시 피드백했다. 구술평가 중 메모와 채점을 위해 채점표도 다음과 같이 미리 만들어 활용했다.

평가 직후 채점표를 보며 학생과 함께 답변을 복기하고, 질문마다 아쉬운 점과 칭찬할 점, 보완이 필요한 점 등을 피드백했다. 답변의 내용뿐만 아니라 평가에 임하는 태도에 대한 피드백도 아낌없이 해 주었다. 긴장이 역력했던 학생들도 피드백 시간에는 진지한 모습으로 자신의 답변을 성찰하는 모습을 보인다.

통계를 분석하는 유형의 3번 질문에서는 통계에 담긴 수와 비율, 각 수치가 의미하는 바를 정확하게 파악하지 못해 사회현상을 잘못 분석하는 학생들이 더러 있었다. 증감률과 비중의 차이, 수의 증감만으로 파악할 수 없는 비율 등을 피드백한 뒤, 같은 질문에 대한 답변을 성찰지에 다시 작성해 제출하도록 했고, 대부분 통계에 담긴 현상을 정확하게 분석해 낸 답변을 보완하여 내놓았다. 내용적인 측면에서의 피드백은 주로 5번 질문과 6번 질문에서 나왔다. 다문화정책 유형을 적용해 다문화사회의 갈등을 설명하는 논리가 구체적이지 않은 경우가 많았고, 그 연결 고리가 미흡한 설명이 다수였다. 특히 통계를 활용하는 유형의 5번 질문에서는 수치와 반대되는 주장을 펼치는 학생이 있어, 근거가 미흡했다는 피드백과 함께 해당 질문에 대한 답변을 다시 고심해 글로 보완하도록 했다. 학생들은 다음 항목에 맞게 자신의 구술 태도와 그 내용을 스스로 돌이켜 보고, 앞으로 어떤 점을 보완해 갈지 다짐하는 글을 썼다.

1. 구술평가 중 아쉬웠던 답변을 하나 선정해 그 내용을 보완해 보세요. (교과서, 학습지를 참고해도 좋습니다.) 구술 문항이 떠오르지 않는다면, 뒷장 채점 기준표를 참고해 떠올려 보기!
2. 구술평가에 참여한 본인의 구술 태도를 스스로 점검해 보세요. (칭찬할 점, 아쉬운 점, 느낀 점 등)
3. 선생님의 피드백을 반영해 구술 내용을 보완하거나, 태도를 성찰하는 글(앞으로의 다짐, 개선 방법 등)을 써 보세요.

평가가 끝난 학생은 교사의 피드백이 담긴 구술 성찰지를 작성하고 다음 날 조회 시간까지 제출하도록 했는데, 제출 기한을 넉넉히 잡으면 기억이 흐릿해져 자신의 답변과 태도를 제대로 성찰하기 어렵다고 판단했기 때문이다. 구술 성찰지가 평가 요소에 포함되었기에 학생들이 성찰지를 모두 제출한 후에야 총 5차시에 걸쳐 진행된 구술평가가 종료되었다. 2개의 평가 요소는 평가와 동시에 채점이 끝났기 때문에 남은 '활동 성찰하기' 평가 요소 채점은 이틀도 채 걸리지 않았다.

처음이지만 낯설지 않던 익숙함

구술평가는 학습 주제에 관한 물음을 학생 '스스로' 깊이 생각하고 표현할 수 있는 평가였다. 일대일 평가 상황에서 예상치 못한 질문에 학생들은 당황했지만 그 누구의 도움 없이 자신만의 답변을 내놓을 기회를 얻었다. 이미 알고 있어도 표현하지 못하는 상황에서 교사가 제공한 비계와 학생 수준에 따라 달리했던 발문은 학생들의 입을 열었다. 과제를 수행하다 벽에 부딪혀 넘어진 학생들을 발견하는 즉시 그들을 일으켜 세울 수 있었다. 표현하는 방법에 차이가 있을 뿐, 학생들은 글이 아닌 말로 자기 생각을 펼칠 수 있었다.

학생의 답변에 적절한 피드백과 꼬리 질문을 이어 가기 위해서는 교사의 교과 전문성이 매우 중요하다. 구술평가 주제에 대한 교사의 사전 지식이 방대할수록 학생에게 제공되는 피드백의 질은 좋아질 수밖에 없다. 피드백을 곧장 할 수 있는 물리적인 시간이 주어진 것에 의의를 두고 평가할 수도 있겠지만, 학생 개개인 수준에 적합한 효과적인 피드백을 위해서는 더 깊이 있는 교과 연구가 필요할 것이다.

통계자료를 활용한 구술평가는 같은 자료를 다른 시각으로 해석하고 활용하는 학생 개개인의 역량을 확인하기에 적합했다. 단순히 통계자료를 읽어 내는 기능적 역량의 평가가 아닌, 경험적인 자료를 바탕으로 사회현상을 체계적으로 이해하는지, 계량화된 자료를 활용해 현상에 대한 자기 생각을 논리적으로 표현할 수 있는지 점검하는 시간이 되었다.

구술평가는 분명 교사의 품이 많이 드는 평가이다. 사실 교사에게 주제 및 관련 텍스트 선정, 질문과 평가 루브릭 구상까지는 일도 아닐 것이다. 다만 3주에 걸쳐 총 8개 학급, 250명을 평가하는 것은 쉬운 일이 아니다. 누군가의 말에 귀 기울이며 메모하는 데 이토록 에너지가 많이 쓰이는 줄 몰랐다. 약 3주간 쉬는 시간도 없이 구술평가에 모든 에너지를 쏟았다. 힘에 부칠 땐 왜 구술평가를 계획했을까 자책하면서도 학생들의 신선한 답변을 듣거나, 성찰을 열심히 한 학생들의 구술 성찰지를 보면 역시 잘했다는 생각도 들었다. 특히 한 번도 일대일 대화를 나눠 본 적 없던 학생이 평소와 다른 모습으로 자신감 있게 말하는 것을 보면 구술평가의 매력에 빠지게 된다. 구술평가를 진행한 날마다 교사로서 좋았던 점과 아쉬운 점, 학생들의 소감 등을 짧은 후기로 남겨 두었는데, 그 내용을 요약해 보면 다음과 같다.

<구술평가의 좋았던 점>
- 평가 진행과 동시에 채점이 끝남.
- 평가 종료와 동시에 평가 피드백을 할 수 있음.
- 학생도 평가 종료 직후 자신의 구술 내용과 태도를 성찰하고 보완할 수 있음.
- 수업에서 대화를 나눠 보지 못했던 학생들과 대화를 나눌 수 있음.
- 학생들의 새로운 면모를 발견할 수 있음.
- 학생부종합전형 면접에 대한 긴장감을 느끼게 할 수 있음. (일종의 충격요법.)
- 여러 자료를 활용해 논리적으로 생각을 펼치는 학생들의 역량을 확인할 수 있음.
- 꼬리 질문을 통해 개념에 대한 이해도를 점검할 수 있음.
- 적절한 단어 사용이나 문장을 끝마치지 못하는 학생들도 격려하며 답변을 끌어낼 수 있음.
- 어떤 개념과 이론을 혼동하고 있는지 파악하기 쉬웠음.
- 학생마다 발문을 다르게 할 수 있음.

<구술평가의 아쉬운 점>
- 교사의 에너지가 많이 들어감. 힘듦.
- 평가 중 답변을 모두 메모해야 했는데, 그로 인해 학생들과 시선 교환을 잘하지 못했음.
- 많은 차시의 수업 시간이 필요했음. 한 차시에 7명 평가하기도 벅찼음.
- 복도에서 진행하다 보니 이동하는 학생들로 인해 평가 대상 학생이 부담을 느끼거나 주위가 시끄러움.
- 교실에서 대기하는 학생들을 임장하지 못해 시끄러워짐. (특히 남학생 학급)
- 구술 순서 발표, 복도에 책걸상 배치 및 정리 등으로 인해 쉬는 시간이 없었음.
- 주어진 시간이 지났을 때 말을 끊기가 곤란했음. 평가에 대한 시간적 여유가 부족함.
- 구술 성찰지를 제때 제출하지 않은 학생들이 있음.
- 평가를 진행하기 어려운 특수 학생이 있음. 어떻게 평가를 하는 것이 공정하고 좋을지 그 대안이 필요함.

<학생들의 소감 및 성찰(성찰지 2번 문항 사례)>
- 중간중간 긴장해서 말실수도 많이 했고 뜸도 많이 들인 부분이 아쉽지만 그래도 끝까지 대답하고 자신감 있게 말한 것 같아 나를 칭찬하고 싶다.
- 정확한 문장 구술과 수치와 자료의 엄밀함을 보완하고자 부가적으로 했던 설명들이 내용의 전달력과 대화의 효율성을 떨어뜨린 것 같다. 다음에는 정확성과 엄밀함에 너무 얽매이지 않고 융통성 있게 답변해야겠다는 생각이 들었다.
- 평소 말을 하면서 개연성이 있는 말하기를 하고 있는지 판단하며 말해야겠다고 느끼게 되었다.
- 내 생각을 말하는 점이 부담이 많이 되지 않아서 좋았다.
- 분명 시작하기 전에는 심장이 뛰고 긴장되었는데, 막상 시작한 이후에 긴장하지 않았다.
- 어려서부터 부끄럼이 많았던 탓에 선생님과 눈도 못 마주치고 학습지만 바라보며 이야기한 것이 후회될 정도로 아쉬웠다.
- 평소에 생각해 보지 못한 다문화 문제에 대해 깊은 고민을 할 수 있었다.
- 1대1로 대면하여 면접처럼 질문을 주고받으니 예상 질문과 기본적으로 가지고 있던 개념이 완전히 다른 것으로 바뀌는 느낌이었다. (머리가 완전히 새하얘졌다.)
- 100을 준비해 갔는데 10도 제대로 발휘하지 못한 것 같아 매우 아쉬웠다. 너무 긴장했지만, 이런 상황에서 포기하지 않았다는 것이 너무 멋졌다!
- 나는 알고 있다고 생각했는데 막상 말로 해 보니 잘 떠오르지 않거나 자세히 설명하기 어려워서 더 꼼꼼하게 알아야겠다는 생각이 들었다.
- 선생님과 대화를 나누는 것이 즐거웠다.
- 이전에 이런 구술평가를 해 본 경험이 없어서 많이 떨렸지만, 막상 해 보고 나니 그렇게 긴장할 일이 아니었다는 생각이 들었다. 또, 앞으로 보게 될 면접들에 대비하여 이런 연습을 많이 해야 할 필요성을 느꼈다.
- 선생님과 이야기해 볼 시간이 별로 없었는데 이 수행평가를 통해서 조금이나마 선생님과 소통할 수 있는 기회가 되어 설레기도 하고 긴장되기도 했던 것 같다.
- 즉석에서 어떠한 상황, 자료에 대한 자신의 견해를 선보이는 수행평가에 처음에는 긴장했을지라도 점차 익숙해져 답변에 확신을 가질 수 있던 순간은 유익하고 즐거웠다.
- 지금까지 한 수행평가 중 가장 의미 있던 수행평가였다.

시간적 제약과 체력적 한계를 느꼈던 첫 구술평가 이후, 어쩌면 그동안 진행했던 서·논술형 수행평가에서도 이만큼의 품을 들였어야 했던 것이 아닌가 생각했다. 학생들을 글이 아닌 말로 마주할 뿐이지 루브릭 구성부터 피드백까지 평가의 전 과정이 글쓰기 평가와 다를 바 없기 때문이다. 낯설었지만 익숙했고, 처음이지만 어렵지 않았다. 이전의 서·논술형 평가에서는 주제만 제시한 뒤, 관련 텍스트를 학생이 직접 선정하게 했고, 질문도 답변도 모두 학생이 하게 했으며, 제대로 된 평가 피드백을 하지 않았다. 그 과정에서 학생이 정말 자기 생각을 이야기하는 것인지도 제대로 파악하지 못했다. 그래서 구술평가가 더 힘들게 느껴진 것이 아닐까. 가까운 거리에서 종이가 아닌 얼굴을 보며 학생들과 대화를 나눈 순간들은 평가하는 교사의 역할과 그 중요성을 몸소 느낄 수 있는 소중한 시간이었다. 분명 처음임에도 불구하고 이전에 해 본 듯한 묘한 기시감이 들던 구술평가, 이제는 낯설지 않다.

수업·평가 활용 자료

『헤이트 : 왜 혐오의 역사는 반복될까』(최인철 외, 마로니에북스)

다문화사회로 변화하는 오늘날, 낯선 것에 대한 두려움이 어떻게 혐오로 번지는지 설명하며, 이를 넘어서는 방법을 제시하는 책이다. 혐오 표현과 편견을 분석하는 활동을 진행하거나, 다문화 이해 교육과 연계해 토론을 끌어낼 수 있다. 학생들은 혐오의 메커니즘을 이해하고, 포용적인 사회를 만들어 가는 데 필요한 비판적 사고력을 기를 수 있을 것이다.

『통계 모르고 뉴스 볼 수 있어?』(구정화, 다른)

학생들에게 통계 읽는 법을 어떻게 가르칠지 고민될 때 방향을 잡는 데 도움이 된다. 모집단과 표본 설정, 평균과 중앙값, 비율과 증감률, 오차범위 등 필수적인 통계 개념을 다루면서도, 저출산, 고령화, 불법 체류자 문제, 청년 실업률 등 현실적인 사회 이슈에 접목해 학생들이 자연스럽게 통계를 이해할 수 있도록 돕는다. 단순한 숫자 읽기를 넘어, 데이터를 바르게 이해하고 활용하는 힘을 키워 주는 책이다. 특히, '불법 체류자 범죄 증가, 그 이유는?' 장에서는 통계를 이용한 혐오 표현을 다루므로, 학생들이 미디어 속 정보를 올바르게 해석하고, 차별과 편견을 극복하는 데 필요한 역량을 갖추도록 도울 것이다.

『인간 차별』(안희경, 김영사)

이민자로서의 개인적 경험과 다양한 사회적약자들의 목소리를 통해 정체성이 사회에서 어떻게 규정되며 차별의 틈새가 형성되는지를 깊이 있게 탐구하는 책이다. 다문화사회에서의 갈등과 이해를 주제로 한 수업 자료로 활용하면, 학생들이 다양한 문화와 정체성을 존중하는 포용의 가치를 배울 수 있을 것이다.

'능력주의는 공정한가'
토론 말고 구술평가

[사회·문화]_『공정하다는 착각』(마이클 샌델, 와이즈베리)

토론하자고 했더니 발표하는 학생들

　대학교 재학 4년 동안 비판적 사고력 함양을 위한 쟁점 토론 기법을 체득했다고 믿었던 나는 신규 교사로서의 첫 해에 토론 규칙과 입론서 작성 시간까지 설계하여 교실에 들어갔다. 잘 정돈된 기조 발언을 마치고 타이머를 켜자마자 예상과 달리 학생들은 학습지 속 주장과 근거를 줄줄 읽기 시작했다. 낯선 주장 간 공방이 치열하게 오가야 할 자유 토론 시간에 학생들은 상대방의 말을 듣지 않고 본인의 자료를 발표하느라 바빴다. 첫 토론 수업의 느낌은 '이게 뭐지?'였다. 학생들에게 무엇을 가르치지 못했는지, 어떤 안내를 빠트렸는지, 무엇이 문제인지 알

수가 없었다. 한 가지 분명한 것은 토론은 없었고, 째깍째깍 발언 시간을 알리는 타이머만 돌아갔다는 것이었다.

그 후 몇 개월 동안 토론 수업을 시도하지 않았다. 학생들이 토론할 역량을 갖추지 않았다는 핑계와 수업을 망치기 싫다는 불안감 때문에 주로 강의식 수업과 논술형 평가를 진행했다. 그러다 겨울방학에 구술평가 소모임을 접하게 되었다. 다른 선생님들의 사회과 구술평가 수업 사례는 산뜻했다. 교무실에 앉아 지루하게 논술 채점을 하지 않아도 된다니. 게다가 토론 수업보다 가볍게 학생들의 대답을 들을 수 있다니! 더불어 찬성과 반대로 나뉘는 토론 논제를 짜내기보다 사회과 성취기준에 알맞은 책이나 텍스트를 선정하여 자유롭게 학생들의 의견을 들을 수 있다는 평가 흐름이 매력적이었다.

소모임에서 선생님들과 이야기를 나누며 내가 진행했던 토론 수업의 오점을 깨닫게 되었다. 그것은 바로 학생들에게 서로의 의견을 듣는 시간을 주지 않고 바로 입론서 작성을 시켰다는 점이다. 구술평가는 말하기가 주가 되는 평가인 것 같지만 더 중요한 부분을 차지하는 것은 사실 '듣기'이다. 짝꿍의 질문에 내가 온전히 대답하는 것처럼, 짝꿍이 대답할 때 온 마음을 다해 들어 주는 것도 중요하다. 학생들은 이 두 가지가 서툴렀을 뿐이었는데, 이를 고려하지 않고 무작정 토론하자며 입론서를 들이밀었으니 토론이 잘될 리가 없었다. 구술평가를 통해 말하기와 듣기 이 두 가지를 모두 익힐 수 있다. 일단 토론 수업에 대한 욕심을 잠시 마음 한편에 내려놓고, 토론 준비를 시켜 보자는 마음으로 구술평가를 해 보기로 했다.

　사회과 교사로서 수행평가를 설계할 때 가장 먼저 찾는 문서는 '사회과 교육과정' 문서이다. 수행평가 설계 시에는 2015 개정 교육과정 기준 사회과 핵심역량 중 비판적 사고력을 항상 염두에 두고 루브릭을 구성한다. 학교교육에서 사회과의 존재 이유가 무엇인지 매 학기 나 자신에게 묻는다. 사회과는 단편적인 사회 지식을 주입하는 교과가 아니다. 사회과의 목적은 사회현상을 자신의 언어로 재개념화하여 개인이 합리적인 의사결정을 할 수 있도록 돕는 것이다. 그러려면 객관적인 근거를 토대로 사회현상을 분석, 비판하는 수업이 진행되어야 하고, 넓은 스펙트럼의 대안에서 합리적인 의사결정을 할 수 있는지의 역량을 측정하는 평가가 이루어져야 한다. 이와 가장 맞닿은 사회과의 핵심역량이 '비판적 사고력'이라고 판단되어 이를 중점적으로 함양할 수 있는 수행평가를 설계하고자 했다.

　'구술평가는 비판적 사고력을 길러 줄 수 있는 평가인가?' 라는 의구심이 자꾸만 들었다. 사회과교육에서 이야기하는 비판적 사고력이 무엇인지 여러 개론서를 뒤져 보다가 문득 생각했다. 사회과는 학생이 사회현상을 자신의 언어로 재개념화할 수 있도록 도와야 한다면서, 학생을 돕는 교사인 나는 왜 비판적 사고력의 사전적 의의에 얽매이고 있을까? 여러 개론서와 논문을 톺아보며 정리해 보니, 비판적 사고력은 '질문을 통한 타당한 판단력'이라는 결론에 이르렀다.

학생들이 '질문'을 하도록 해야 했다. 어떤 사회현상의 실태를 논술하라는 수행평가만으로는 비판적 사고력을 길러 줄 수 없다. 학생들이 질문을 하지 않기 때문이다. 주어진 질문에 대답만 할 뿐이다. 구술평가를 통해 학생들이 질문과 그에 타당한 판단을 할 수 있도록 돕고, 성공한다면 비판적 사고력까지 길러 줄 수 있을 거라고 믿었다. 질문과 답변의 범위를 넓히기 위해 학생들과 함께 사회과학적 도서 등의 복합적 텍스트를 읽고자 했고, 구술평가에서 준거로 쓰이는 질문은 교사보다는 학생이 도서를 읽으며 창출하거나 선정하는 방향으로 이끌었다.

'사회과학적 도서를 활용해서 학생들이 만든 질문으로 하는 구술평가' 이것이 내 구술평가의 주제이자 목표였다.

다양한 쟁점과 질문이 생성되는 텍스트 고르기

사회과는 내용교과로서 '법', '정치', '경제', '사회·문화'의 영역에서 성취기준이 뻗어 나간다. 구술평가를 해 보자고 마음먹었을 때 마침 [사회·문화] 과목을 맡게 되었고, 제주 농어촌 지역 학교에 다니는 남고생에게 어떤 텍스트를 읽혀야 할까 고민하던 터였다. 학교가 소재한 농어촌 지역에는 영화관, 볼링장 등의 문화시설이 아예 없거나 매우 적었고 도서관, 학원 등의 교육 인프라 역시 도심에 비해 부족했다. 이러한 이유로 학생들은 농어촌에 사는 학생들끼리 경쟁하여 대학에 가는 농어촌 전형이 공정하다고 말했다.

이들이 말하는 '공정'이란 무엇일까? 우리 학교 내신 전교 1등이 좋은 대학에 진학하는 것은 공정한가? 대한민국에서 수능을 가장 잘 본 사람이 좋은 대학에 진학하는 것은 공정한가? 그렇다면, 농어촌 전형은 어떠한 공정성을 지니고 운영되고 있는 것인가? 학생들과 함께 고민하고, 말하고, 또 듣고 싶었다. 2015 개정 교육과정 기준 [사회·문화] 과목 속 'Ⅳ. 사회 계층과 불평등' 단원의 성취기준과 '대학입시에서의 공정성과 능력주의'를 연결 지어 수행평가 중심 주제를 정했다. 교육을 통한 '사회 이동'의 공정성을 사회 불평등 양상과 엮은 책 『공정하다는 착각』을 텍스트로 선정하여 독서 연계 수행평가를 고안하였다.

영역(만점)	사회 불평등 현상 탐구 및 구술 (100)			
평가 요소 (배점)	평가 척도 및 채점 기준			
	우수	보통	미흡	매우 미흡
독서 후, 책 속 사회현상 분석하기 (30)	30	25	20	15
	책 내용과 관련된 사회현상의 문제 실태, 원인, 정부의 대처, 해결 방안을 모두 적합하게 제시함.	책 내용과 관련된 사회현상의 문제 실태, 원인, 정부의 대처, 해결 방안 중 3가지를 적합하게 제시함.	책 내용과 관련된 사회현상의 문제 실태, 원인, 정부의 대처, 해결 방안 중 2가지를 적합하게 제시함.	책 내용과 관련된 사회현상의 문제 실태, 원인, 정부의 대처, 해결 방안 중 1가지 이하를 적합하게 제시함.
책을 읽고, 수렴적 발문에 대해 구술하기 (20)	20	15	10	5
	지식·기능 영역 발문에 대한 응답을 2회 구술하였고, 2회 모두 적합하게 구술함.	지식·기능 영역 발문에 대한 응답을 2회 구술하였으나, 1회만 적합하게 구술함.	지식·기능 영역 발문에 대한 응답을 2회 모두 구술하였으나, 2회 모두 적합하지 않음.	구술 활동에 참여하였으나, 응답 자체를 하지 않아 적합성을 파악하지 못함.
책을 읽고, 확산적 발문에 대해 구술하기 (20)	20	15	10	5
	가치·태도 영역 발문에 대한 응답을 2회 구술하였고, 2회 모두 적합하게 구술함.	가치·태도 영역 발문에 대한 응답을 2회 구술하였으나, 1회만 적합하게 구술함.	가치·태도 영역 발문에 대한 응답을 2회 구술하였으나 2회 모두 적합하지 않음.	구술 활동에 참여하였으나, 응답 자체를 하지 않아 적합성을 파악하지 못함.

논제 '능력주의는 과연 공정한가?'에 대한 성찰적 글쓰기 (30)	30	25	20	15
	논제에 대한 자신의 의견을 제시하였고, 관련 근거를 2가지 모두 적합하게 제시함.	논제에 대한 자신의 의견과 근거를 제시하였으나, 관련 근거 2가지 중 1가지만 적합하게 제시함.	논제에 대한 자신의 의견과 근거를 제시하였으나, 2회 모두 적합하지 않음.	논제에 대한 자신의 의견과 2가지 근거를 제시할 필요가 있음.

▲ 학생들과 공유한 '사회 불평등 현상 탐구 및 구술' 수행평가 루브릭

위 분석적 루브릭을 토대로 구술평가를 포함한 독서 연계 탐구 수행평가는 ①독서 및 질문 만들기 → ②구술평가 + ③성찰적 글쓰기로 이어진다. 루브릭 중 '수렴적 발문에 대해 응답하기'라는 항목은 닫힌 응답을 요구하는 항목으로 정답의 범위가 정해져 있다. 예를 들어, '사회 불평등' 개념이 어떤 의미인지 개념적 정의를 묻는 발문이 포함된다. 이렇게 설정한 이유는 첫째, 학생들이 교과서 단원의 주요 개념을 이해했을 때 책의 내용을 더 깊게 이해할 수 있다고 판단했다. 사회 불평등, 능력주의, 복지 등의 추상적 개념을 먼저 정확히 이해해야 책 속 쟁점을 파악할 수 있다. 둘째, [사회문화]는 일반선택 과목으로 지필평가가 이뤄지다 보니 7차시의 수행평가를 진행하는 것이 부담스럽기도 했다. 임용고시를 준비하던 때에 학부에서 구술 방식으로 공부 모임을 했던 기억이 떠올랐다. [사회문화] 교과 개념으로도 구술평가를 할 수 있을지에 대한 의문을 해결하고 싶었다. 따라서 구술평가는 두 영역으로 나누어 진행하기로 했다. 하나는 교사가 제시하는 개념적 질문에 답하는 수렴적 영역, 다른 하나는 학생이 제시하는 가치판단 질문에 답하는 확

산적 영역이다.

　사회과 구술평가를 준비할 때 학생들에게 읽힐 텍스트를 선정하는 시간은 가장 재미있으면서도 고되다. 텍스트로 선정한 『공정하다는 착각』의 저자 마이클 샌델은 정의론, 정치철학, 그리고 능력주의 등 많은 사회과학적 쟁점에 대해 논하는 학자이다. 고등학교 교실에서도 샌델을 모르는 학생이 거의 없는데 사회 교과뿐 아니라 윤리 교과, 심지어 통합사회에도 자주 등장하는 석학이기 때문이다. 수행평가를 통해 학생들이 다양한 쟁점에 대해 고민하고 판단하도록 돕고 싶었는데, 다양한 학문을 관통하는 샌델의 책을 선정한 것은 신의 한 수였다. '능력주의', '정의', '공동체주의' 등의 개념을 토대로 다채로운 질문 구성이 가능했기 때문이다. 쟁점 중심 사회과에서의 하위 쟁점 도식을 빌려 설명하자면 정의적 쟁점, 사실적 쟁점, 가치 윤리적 쟁점에 관한 질문과 답변을 책에서 자연스레 끌어낼 수 있다.

[핵심 쟁점 : 대입에서의 '농어촌 전형'은 공정한 전형인가?]
① '공정'한 대학입시란 무엇인가? : 정의적 쟁점
② '농어촌 전형'은 대학입시의 불공정성을 해소하는가? : 사실-설명적 쟁점
③ 대입에서 사회적약자 집단을 분리하여 선발하는 제도는 옳은가? : 가치-윤리적 쟁점

　이는 사회과에서 독서 수업의 중요성과 가치를 다시 깨닫게 해 준다. 사회과 수업에서는 영상, 뉴스 등 시의적이고 시각적인 자료를 많이 활용하는데, 유튜브 등 영상매체에서의 현실성, 잔혹성을 시각적으

로 드러낸 자료들이 사회문제를 매우 생동감 있게 설명한다고 생각하는 교사들이 많다. 나 역시도 그런 생각을 하던 중에, 제주의 범교과 선생님들이 모여 공부하는 공동체에서 '독서교육'을 같이 공부하게 되었다. 연수를 해 주신 윤리 선생님에게 사회문제를 다루면서 영상보다 도서를 주로 선택하시는 이유가 무엇인지 물었을 때 그 선생님의 답변이 나를 단번에 설득하였다.

> "뉴스나 영상은 장면을 시각적으로 보여 주니까 정보의 흡수 측면에서 볼 때에는 문제를 더 잘 이해하게 하는 것처럼 보여요. 하지만 저는 장면보다 글이 주는 여백의 미가 더 좋더군요. 글을 천천히 그리고 긴 시간 읽어 나가며 어떤 문제가 생기게 될지 아이들이 고민하는 여백의 시간이 아이들을 더 성장시킨다고 믿어요."

선생님이 말하신 '여백'이란 학생들이 생각할 수 있는 시공간적 여백을 뜻하는 것 같았다. 여백이 있어야 학생이 사고할 여유가 있고, 여유가 있어야 사고도 뻗어 갈 수 있는데 그동안 그 중요성을 모르고 영상만 틀기 바빴던 수업을 반성했다. 학생의 사고 확장을 깊이 그리고 오래 돕고 싶은 마음이 든다면 도서를 활용한 수행평가를 설계해 보시기를 추천한다.

정리하자면, 사회과 수업에서 텍스트, '책'을 고를 때에는 다양한 쟁점, 질문이 만들어질 수 있는 책을 성취기준과 연결 지어 고르는 작업이 매우 중요하다. 그러기 위해서는 먼저 교사가 책을 자주 읽는 습관을 길러야 한다. 또는 동료 교사나 교내 사서 교사에게 책 추천 리스트를 받아 보는 것도 좋다. 의외로 보물은 가까운 곳에 있으니 학교 도서관을 거닐어 보는 것도 추천한다.

사회과학 도서를 활용해서 학생들이 만든 질문으로 하는 구술평가

[12사문04-01] 기능론과 갈등론을 활용하여 사회 불평등 현상을 설명하고 각 이론의 특징을 비교한다.
[12사문04-02] 사회 이동과 사회 계층 구조의 의미를 설명하고 그 유형과 특징을 분석한다.
[12사문04-03] 다양한 사회 불평등 양상을 조사하고 그와 관련한 차별을 개선하기 위한 방안을 모색한다.
[12사문04-04] 사회 복지의 의미를 설명하고 복지 제도의 유형과 역할 및 한계를 분석한다.

▲ 2015 개정 교육과정 기준 [사회·문화] 'Ⅳ. 사회 계층과 불평등' 단원의 성취기준

① (2차시) 독서 및 독서 일지 작성
② (2차시) 질문 공유 및 모둠 토의
③ (1차시) 구술평가 (1) + 성찰적 글쓰기
④ (2차시) 구술평가 (2), (3) + 성찰적 글쓰기 및 과제 제출

▲ 일반 선택 [사회·문화](2학년), 독서 연계 탐구 수행평가 차시 흐름도

[사회·문화] 과목의 사회 불평등 단원에서는 사회 불평등 현상의 의미, 이를 바라보는 기능론, 갈등론적 관점, 이를 설명하는 마르크스의 계급론, 베버의 계층론 등의 개념과 이론이 등장한다. 이를 다 학습한 후에 학생들에게 질문을 던진다. '우리 사회는 평등한 사회인가? 공정

한 사회인가? 정의로운 사회인가?'

선택한 도서 『공정하다는 착각』의 중심 주제는 '능력주의는 과연 공정한가?'이다. 개인의 능력과 노력을 중시하는 능력주의는 개인이 태어나면서 가지게 되는 자본, 환경 등이 개인에게 미치는 영향력을 경시하게 만든다. 따라서 가난을 벗어나지 못하는 현상을 개인의 능력 부족으로 치부하게 된다는 것이다. 저자는 합리성보다 공동체를 위한 복지제도에 관심을 가져야 한다고 주장한다. 위 성취기준의 흐름과 부합하는 책 내용이다.

독서 일지 작성 및 질문 만들기

『공정하다는 착각』을 발췌독 하는 데 2시간을 부여했다. 원저는 쪽수가 많아 전부 읽기에는 일반선택 과목 진도에 부담이 크다. 그럴 경우, 교사가 일정 부분을 정하여 발췌독 하게 할 수 있다. 만약 중학교에서 진행한다면 『10대를 위한 공정하다는 착각』(마이클 샌델, 미래엔)을 활용하여 진행할 수도 있다.

책의 서론 '대학입시와 능력주의' 부분과 '5. 성공의 윤리 中 능력주의', '6. 인재 선별기로서의 대학 中 능력주의를 더 공평하게 만들기' 부분을 발췌하여 읽도록 설계했다. 학생들의 삶 속 주요 관심사인 대학입시가 곁들여진 부분을 주로 활용하여 학생들의 흥미를 높이고자 하였다. 아무래도 책이 두껍다 보니 교사가 먼저 책을 읽고 필요한 목차를 뽑아 자연스럽게 잇는 흐름을 설정하는 것이 중요하다. 더구나 샌델이라는 학자의 책을 읽는 것이 고등학생 수준에서 쉬운 일은 아니다. 교사는 반드시 먼저 책을 읽고 학생들이 어려움을 느낄 법한 문단이나 문장에 대해 보충해 줄 준비를 해 두어야 한다. 단어를 몰라 독서가 막히는 학생들이 폭풍 질문을 할 때가 많기 때문이다.

2차시 동안 책을 읽으며 작성할 독서 일지를 나눠 주고, 책 속 인상 깊은 문장, 책을 읽으며 자연스레 드는 질문들을 메모하도록 했다. 이 과정에서 학생들이 작성한 질문 중 몇몇은 실제로 구술평가 속 확산적 발문 영역에 그대로 활용하기도 했다. 학생들이 작성한 질문을 평가에 활용하면 학생들의 눈높이에서 더 진솔한 답변을 끌어낼 수 있다는 장점이 있다. 더불어 교사의 품도 덜어 준다. 다음은 교사가 설계한 질문보다 더 좋았던 학생들의 질문들이다.

- 개인의 성취에 영향을 미치는 요소로는 무엇이 있을까?
- 입시 경쟁에서 승리한 학생들은 정말 기뻐하고 있을까?
- 노력만 하면 성공할 수 있다는 '능력주의'의 믿음은 정의로운가?
- 많은 사람들이 능력 향상을 위해 '교육'을 중시하고 있는 이유는 무엇일까?
- 학교에서 학생들을 '공정'하게 평가할 수 있는 평가는 무엇일까? (모두가 같은 출발점을 갖는 평가)

▲ 학생들이 도서를 읽고 독서 일지에 작성한 질문 중 실제 구술평가에 활용한 질문들

[수렴적 영역의 질문] - 교사가 구성

사회 불평등 현상의 의미를 '사회적 자원' 개념을 활용하여 설명해 주세요.
기능론/갈등론은 사회 불평등을 어떻게 바라보는지 설명해 주세요.
사회 이동이 일어난 원인에 따라 개인적 이동과 구조적 이동을 구분하여 설명해 주세요.
사회적 소수자를 규정하는 핵심적 기준을 활용하여 사회적 소수자의 정의를 설명해 주세요.
사회보험과 공공부조에 대한 차이를 활용하여 각각의 개념과 예시를 설명해 주세요.

[확산적 영역의 질문] - 학생들이 구성

- 개인의 성취에 영향을 미치는 요소로는 무엇이 있을까?
- 입시 경쟁에서 승리한 학생들은 정말 기뻐하고 있을까?
- 노력만 하면 성공할 수 있다는 '능력주의'의 믿음은 정의로운가?
- 많은 사람들이 능력 향상을 위해 '교육'을 중시하고 있는 이유는 무엇일까?
- 학교에서 학생들을 '공정'하게 평가할 수 있는 평가는 무엇일까? (모두가 같은 출발점을 갖는 평가)

▲ 사전에 공개한 구술평가 실제 평가 문항

모둠 토의, 그리고 교사와 일대일 구술평가

위 평가 문항은 독서 일지 작성 후 3차시에 공개하며 3, 4차시는 이 질문에 대해 자신의 답을 작성하고 소모둠을 이루어 모둠원들과 구술평가를 연습하도록 하였다. 소모둠으로 연습하는 시간을 마련한 이유는 두 가지였다. 첫 번째, 수렴적 영역 질문에 대한 답을 나누며 혹시 자신이 갖고 있던 오개념이 있다면 수정하기를 바랐기 때문이다. 두 번째, 확산적 영역 질문에 대한 답을 주고받으며 토의 형식으로 의견을 나누어 다양한 답변을 고민할 수 있기를 바랐기 때문이다. 평가 후 학생들에게 물어보니 이 연습 및 토의 시간에 자신의 답을 더 좋은 방향으로 고칠 수 있었다는 의견이 있었다.

구술평가는 교사와 일대일로 이루어진다. 교실에서 학생들에게 연습 및 성찰적 글쓰기를 작성할 시간을 주고 복도로 책상과 의자를 가지고 나오도록 하여 진행한다. 위 2가지 영역에서 각각 2문제를 무작위로 뽑아 질문하는데, 한 명당 4문항에 답하는 시간은 약 7~8분 정도 된다. 학생들이 짧게 답하는 경우 교사가 꼬리 질문으로 추가 질문을 하면 좋다. 답변이 장황하게 길어지는 경우라면 학생의 답변을 조급하게 끊기보다는 문항에 대한 답이 오롯이 끝난 후 답변의 핵심을 한 번 더 물어본다. 답변을 끊으면 학생이 당황하거나 기가 죽어 자신 있게 답변하지 못한다. 차시 여유가 적다면 차라리 모둠 구술평가를 통한 시간 단축이 더욱 좋은 방안이지, 학생의 말을 조급하게 끊는 압박 면접을 할 필요는 없다. 50분 기준 1차시에 6명의 학생에 대한 구술평가를 진행했고 모두 약 3차시 동안 진행하였다. 이 3차시 동안에는 교실에서 성찰적 글쓰기 평가가 동시에 이루어진다.

일대일 구술평가를 진행해 보면 진솔한 답변을 하는 학생들이 몇 있는데, 기억에 남는 두 사례가 있다. 성민이는 중학교 때 공부보다 게임이 재밌었던 흔한 남고생이지만, 사회문제에 대해 질문과 답변을 나누는 수업을 할 때면 진지한 눈빛으로 진솔한 답변을 하여 교사의 마음에 울림을 주던 학생이다. 성민이는 '학교에서 학생들을 공정하게 평가할 수 있는 평가는 무엇일까? (모두가 같은 출발점을 갖는 평가)' 질문을 뽑았고 이렇게 답변하였다.

"출발점이 자기 자신, '나'로 시작하는 평가는 공정할 수 있다고 생각합니다. 제가 아무래도 다른 친구들보다 공부한 시간이 적어 무언가를 외우거나 글을 논리적으로 쓰는 능력은 부족합니다. 하지만 저는 누구보다 제가 무엇을 좋아하는지 제가 어떤 가치관을 가졌는지에 대해 잘 압니다. 이는 다른 친구들도 마찬가지일 것입니다. '나'에 관해 공부하고 적을 수 있는 수행평가라면 출발점이 같을 수 있습니다."

사회과에서 '나'에 관해 적어 내리는 수행평가를 구상하려면 어떻게 해야 할까? 성민이의 대답을 들으며 사회문화 개념 중 '면접법'을 떠올렸다. '나' 스스로 자문자답하는 면접법을 수행평가에 적용한다면, '나' 자신에 관해 질적연구를 한다면 어떨까? 내가 어떤 것을 좋아하는지 단순한 물음부터 내가 어떤 가치관을 갖고 살아가게 되었는지에 대해 진솔하게 조사하고 탐구할 수 있다면 그러한 평가도 분명 사회과의 핵심역량을 길러 줄 수 있을 것이다.

우현이는 사회문화 수업뿐 아니라 학년 전체에서 상위권에 드는 학생이다. 우직하고 성실하면서도 그러한 모습을 과시하지 않는 소탈함이 교사로서도 배우고 싶은 모습이다. 우현이는 '입시 경쟁에서 승리한 학생들은 정말 기뻐하고 있을까?' 질문을 뽑았고 이렇게 답변하였다.

"기뻐하지 않을 것이라 생각합니다. 기쁨보다는 노력한 것에 대한 안도감이 들 것 같은데 과연 그 안도감을 기쁨이라고 할 수 있을까요? 제 생각에는 기쁘다는 것은 이루고 싶은 목표를 이루었을 때 드는 감정인데 현재 입시는 개인 각각의 목표 성취보다 누가 내 위에 있는지에 관한 서열화가 심합니다. 목표 성취는 기쁨을 주지만 서열에서 경쟁의 승리는 안도감을 준다고 생각하고 저는 이 두 가지 감정이 다르다고 생각합니다."

임용고시를 통과했을 때가 떠올랐다. 그때는 내가 교사가 된다니 정말 기뻤다. 너무나 원하던 꿈의 구체적인 형상이었다. 하지만 그 전 학부에서의 상대평가 시험, 고3 수험생 시절의 상대평가 시험에서 기뻐한 적은 크게 없었던 것 같다. 우현이의 말대로 노력한 것에 대한 안도감, 기뻐하기엔 무엇인가 너무 진이 빠졌던 그 복합적인 감정을 우현이가 단어로 풀어내 주었다. 경쟁과 상대평가는 우리 모두에게 그런 감정을 주었구나 싶었다.

학생 간 모둠 구술평가와 교사와 학생의 일대일 구술평가 매력은 각각 다르지만, 개인적으로는 교사와 학생의 일대일 구술평가를 더 추천한다. 교사와 학생의 진솔한 이야기 속 '질문을 통한 타당한 판단'을 듣는 울림이 크다. 또 쟁점 토론에서의 예리한 판단과는 다른 진솔한 판단이랄까? 설득을 위한 토론에서의 답변만큼 날카로운 논리력이 묻지는 않았지만 그래서 더 진솔하고 솔직한 답변을 듣는 울림, 그것이 구술평가의 매력이다.

성찰적 글쓰기

성찰적 글쓰기의 주제는 '능력주의는 과연 공정한가?'이다. A4 1~2쪽 분량을 정해 주고 자필로 진행하도록 했다. 공정과 관련한 학생들의 이슈는 주로 대입에 머무른다. 이와 관련하여 혹시 주제가 어렵게 느껴진다면 우리 주변 농어촌 전형, 내신 점수, 수시, 정시 이슈를 곁들여 글을 써 보라고 조언하였다. 평가 루브릭을 같이 안내하며 주장에 대한 자신의 근거를 2가지 제시하여야 30점 만점을 받을 수 있다고 하였다. 사실 이 성찰적 글쓰기는 일대일 구술평가를 진행할 때 교실에서의 공백을 메우기 위해 진행한 글쓰기 평가였다. 하지만 평가가 종료되고 학생들의 글을 읽어 보니 '독서 – 모둠 토의 – 구술'의 과정을 지나며 든 자신의 생각을 종합하여 썼다는 느낌이 들었다. 교사에게 자신의 답변을 하는 구술 다음으로 자신의 생각을 천천히 정리해 보는 글쓰기 평가가 수행평가의 마무리, 끝마침을 위해 꼭 필요하다는 생각이 든다.

말할 수 있어야 설득하고, 들을 수 있어야 설득된다

사회과에서 토론 수업이 필요한 이유는 무엇일까? 논쟁 문제 수업 모형이 중요하다고 일컬어지는 이유는 무엇일까? 답이 정해져 있지 않은 다원화된 사회의 쟁점을 맞닥트릴 때 합리적인 의사결정을 할 줄 알아야 민주시민이 될 수 있기 때문이다. 그래서 사회 수업에서는 쟁점을 공부하여 합리적인 의사 대안을 도출하도록 하고, 이를 의사결정으로 추동하기 위해 타인을 설득하는 토론을 한다. 그렇다면 과연 토론은 쉬운가? 그렇지 않다. 왜 어려운가? 말할 수 있어야 설득할 수 있는데, 학생들은 의견을 말하는 것이 아니라 적어 놓은 글을 읽기만 한다. 들을 수 있어야 설득될 수 있는데, 학생들은 설득되는 것을 토론에서 졌다고 여기며 어떻게 하면 내 의견을 피력할지 고민하느라 듣지 못한다.

사회과에서도 말하고 듣는 법을 가르치고 연습하는 수업은 필수적이며, 이는 토론 수업 시도 전에 선행되어야 한다. 사회과에서 지향하는 말하기, 듣기는 무엇일까? 바로 '합리적 의사결정'을 위한 말하기와 듣기이다. 또박또박 말하기, 비언어적 표현 활용하기 등의 학습목표를 세우라는 것이 아니다. 나의 의견을 고집하지 않고, 합리적인 의사결정은 무엇인지 생각하며 개방적으로 듣기, 대안에 관하여 수용 가능한 근거를 뒷받침하여 설명하기를 목표로 해야 한다. 이기고 진다는 마음가짐이 아니라 공익을 위한 합리적인 의사결정의 참여자로서 논의에 임하는 마음가짐이 필요하다. 구술평가를 통해 이러한 것들을 길러 줄 수 있다. 말하기, 듣기 두 기초역량이 탄탄해질 때 우리는 여러 쟁점을 논제로 토론하고 합리적으로 의사결정할 수 있는 민주시민이 된다. 그러기 위해 구술평가는 꼭 사회과에서 시작되면 좋겠다고 이 글을 읽는 선생님들을 설득해 본다.

수업·평가 활용 자료

『공정하다는 착각』(마이클 샌델, 와이즈베리)

기울어진 사회구조를 정당화하는 '능력주의'를 중심 개념으로 공정과 사회 불평등을 설명하는 책이다. 학력주의, 명문대의 인재 선별 작업 등 고등학생이 흥미를 가질 주제도 같이 수록되어 있어 입시에서의 불평등과 공정에 관한 수업으로 재구성할 수도 있다. 책 후반부, 공동체를 위한 복지제도에 대한 관심을 촉구하는 부분이 있는데 이가 성취기준의 흐름과 부합하기도 하다.

『정의란 무엇인가』(마이클 샌델, 와이즈베리)

공정과 불공정에 대해 논하기 전 원초적인 정의의 개념에 대해 짚어 볼 수 있는 책이다. 목차 중 '소수 집단 우대 정책 논쟁 : 권리 vs 자격' 부분을 먼저 읽고 『공정하다는 착각』 책 독해를 시작해도 좋다. 한국 교육의 이슈 중 농어촌 특별 전형 등에 관해 연결할 수 있는 지점이 있다. 학생들이 정의, 공정 등의 추상적 개념에 대해 스스로 정의하며 관련 논제에 대한 주장을 구체화하도록 돕는 책으로 추천한다.

『사회과교육론』(모경환, 동문사)

쟁점 및 하위 쟁점 도식 등의 내용과 동일 및 유사한 부분이 수록된 일반사회 교육론 개론서이다. 내용 중 개념적, 사실적, 가치윤리적 하위 쟁점 추출에 관한 부분은 이 개론서를 참고할 수 있다. 쟁점에서 하위 쟁점을 추출하고 이를 기반으로 질문을 구성·분류하면, 수렴적 응답과 확산적 응답이 요구되는 질문을 구별할 수 있으며 평가 기준에 따른 채점도 용이하다. 토론 및 논쟁 문제 수업에 관심 있는 사회과 교사에게 질문 구성 관련 개론서로 추천한다.

'사회적 소수자'를
내러티브적 문해력으로 읽어 내기

[사회문제 탐구]_『공존하는 소설』(안보윤 외, 창비교육)

구술평가, 방법은 알지만 텍스트가 없다

처음 구술평가의 가치를 알게 된 다음 해에 '책을 읽고 학생들이 만든 질문으로 하는 구술평가'를 시도했다. 고등학교 2학년 진로선택 과목인 [사회문제 탐구]를 맡았고, 개학하고 첫 수업의 핵심 질문이 '사회문제란 무엇인가?'였다. 교과서 속 사회문제의 개념보다도 학생들이 생각하는 사회문제는 무엇인지, 사회문제라는 개념을 결정하는 속성은 무엇인지 먼저 질문했다. 이때 개성 넘치는 학생들이 한마음 한뜻으로 탐구해 보고 싶다고 제기한 문제가 있었는데, 바로 '성적에 의한 차별'이었다. 고등학교에서 학생들에게 중요한 내신 성적이 상대평가로 산출되며 학생들은 경쟁에 휘몰린다. 내 등수가 어디쯤에 있는지 학기가 끝날 때마다 알게 되고, 위와 아래로의 이동이 생중계되는 듯한 학교에서 학생들은 한마디, 한마디에 예민하다. 그렇게 공통으로 나온 주제 '성적에 의한 차별'을 주제로 수행평가를 진행하기로 약속하고, 나는 학생들의 수요를 반영하는 교사라는 기분에 취한 채 교무실에서 학습지를 챙겨 다시 교실로 향했다.

"너 게이냐?" "뭐래, 너나 해. 그런 거."
"야, ○○이는 가난해서 그래. 네가 봐줘라."

놀랍게도 아까 한마음 한뜻으로 차별이 싫다고 외치던 [사회문제 탐구] 과목의 학생들이었다. 너무 놀라 말도 잘 나오지 않았지만 수업을 이어 가려고 칠판 앞에 섰다. 다음 핵심 질문인 '사회문제에 관심을 두는 사람이 되어야 하는가?'를 물어봐야 하는데, 입이 떨어지지 않았다. 이 학생들이 생각하는 '차별'은 무엇일까? 단순히 성적에 따른 불합리한 분별만이 차별일까? 학생들이 아까 쏟아 냈던 말들이 바로 차별적 발언이고 사회문제인데, 이를 정말 모르는 걸까? 대놓고 게이에 대한 혐오를 나타내는 것이 차별이라는 것을 정말 모른다고? 머릿속은 우왕좌왕인데 아까 그 학생들은 순진한 눈빛으로 조용히 선생님의 발문을 기다리고 있었다. 교무실에 돌아와 평가의 중심 주제를 고쳤다. '성적에 의한 차별'로 주제를 좁히기보다 이를 포함하여 무심코 사람들이 뱉

109

는 말에 섞인 차별과 배제 그리고 혐오까지 좀 더 광범위하게 다루어야 사회문제에 대해 더 깊게 다룰 수 있겠다고 판단했다.

[사회문제 탐구] 성취기준을 톺아보면, '사회적 소수자'와 관련된 사회문제를 다루는 단원이 있다. '차별'이라는 중심 키워드와 '사회적 소수자' 성취기준을 연결 짓는 수행평가로 구성하면 되었다. 이와 관련된 책을 찾고 있는데 학생들이 거침없이 내뱉던 말들이 머리를 떠나지 않았다. 사회적 소수자에 대한 민감성이 너무 낮고, 장난을 빙자한 언행의 수위가 도를 넘었다. 자신은 사회적 소수자가 아니라는 판단에서 나오는 인권 감수성의 결여였다. 감수성을 길러 주는 사회과학적 책을 결국 찾지 못하고 도서관을 나왔다. 구술평가의 흐름과 방법을 이제야 터득했는데, 텍스트와 질문을 구성하지 못하다니 더 복잡한 미로에 빠진 기분이었다.

여전히 책은 찾지 못하고 형식적인 루브릭만 컴퓨터에 저장해 놓던 차에 수업연구회 모임에서 '다양한 지식 공존의 시대에서 문해력 함양을 위한 교육'을 주제로 공부를 했다. 이때 강연자였던 엄기호 교수가 쓴 『유튜브는 책을 집어삼킬 것인가』(김성우·엄기호, 따비)를 읽으며 '내러티브적 문해력'이라는 단어에 밑줄을 쳤다. 이 말은 무슨 뜻일까?

'사회적 소수자와 차별 문제'를 읽어 낼 준비

유네스코가 구분한 자료에 따르면, 문해력이란 '글을 읽고 이해하는 능력'이라는 뜻으로 단순히 문자를 읽고 쓰는 것을 넘어 텍스트의 내용을 이해하고 활용할 수 있는 능력을 말한다. 『유튜브는 책을 집어삼킬 것인가』의 공동 저자인 김성우 교수는 제롬 브루너가 제시한 '내러티브 사고'라는 용어를 차용하여 '내러티브적 문해력'을 설명한다. 브루너에 따르면 인지적 사고 양식을 크게 두 가지로 나눌 수 있는데, 하나는 규칙화된 코드 등에 대한 정보처리방식처럼 개념적 관계를 통해 지식을 다루는 패러다임적 사고이고, 다른 하나는 인간의 의미 형성이 문화적 상황성하에서 사후적으로 조직된다는 내러티브 사고이다. 김성우 교수는 이 두 가지 방식의 사고 그리고 앎이 함께 가야 한다고 이야기한다.

　정리하자면, 교사는 기존의 논리적 사고를 기반으로 한 학문적 지식을 전달하면서도 학생이 지닌 맥락성을 고려하여 이 개념을 삶의 여러 장면에 전이시킬 수 있도록 사례와 이야기를 같이 이해하게 해야 한다. 그래야 개인이 삶의 맥락 속에서 관련 개념을 상황에 적용하고 합리적인 의사결정을 할 수 있다. 사회과에서 이야기를 텍스트로 써 볼 수 있을까 고민하던 중에, 사회적 소수자를 주제로 한 테마소설집 『공존하는 소설』을 도서관에서 동료 선생님께 추천받아 읽어 보았다. 한 단편 안에 여러 소수자와 약자의 어려움이 실재적으로 담겨 있었다. 이 책이 학생들 마음속에 얼어 있던 공감과 감수성을 녹일 수 있지 않을까 기대하며, 이번엔 사회 수업에 소설을 활용하여 독서 연계 구술평가를 시도해 보기로 했다.

다만 주의해야 할 점이 있었는데, 국어 수업에서 소설을 읽고 하는 평가와 사회 수업에서 소설을 읽고 하는 평가는 달라야 한다는 것이다. 방식의 다름보다는 교과 핵심역량과 성취기준이 다르다는 것에 유념하고자 했다. 사회과는 내용 중심의 교과로 가르쳐야 할 지식, 탐구해야 할 문제, 도출해야 할 원인과 모색해야 할 대안 등이 성취기준에 녹아 있다. 즉, 사회 수업에서 소설을 읽는 이유는 소설의 이야기 방식에 대해 이해하기 위해서가 아니다. '사회적 소수자와 차별 문제'에 대해 더 깊이 이해하고 그에 대한 해결 방안을 고민하도록 하는 데 목적이 있다. 그래서 이번 구술평가에서는 학생들이 질문을 구성하는 것이 아니라 교사가 먼저 질문을 제시하며 소설의 이야기 속에서 학생들이 사회적 소수자, 차별 등의 추상적 개념을 포착해 내도록 돕기로 했다.

우선 소설 안에서 사회적 소수자를 포착할 수 있어야 하고, 그 인물이 처한 상황이 사회문제인지 아닌지에 대한 검토가 필요했다. 인물 개인의 문제가 아닌 탐구할 가치가 있는 사회적인 문제라고 공인하는 질문을 구성하기로 했다. 둘째로 책의 내용이 단순한 소설이 아니라 실제 삶과 사회에서 일어나고 있는 문제임을 검증할 수 있어야 했다. 실증적 데이터를 요구하여 관련 문제에 대한 시의성을 확보하는 질문을 구성하기로 했다. 마지막으로 블룸의 '창안' 단계와 접목하여 관련 소수자의 어려움을 해결하는 정책에 대한 검토가 필요했다. 해당 소수자의 어려움을 해결할 수 있는 정책이 우리나라에 있는지, 없다면 어떤 것을 제안하고 싶은지에 대한 질문을 구성하기로 했다.

소설을 활용해서 사회과다운 질문과 답변을 풀어내는 구술평가

평가 요소 (배점)	평가 척도 및 채점 기준			
	우수	보통	미흡	매우 미흡
소설 속 사회적 소수자 추론하기 (20)	20 소설을 읽고 작성한 독서 일지에 소설 속 사회적 소수자를 올바르게 추론함.	15 소설을 읽고 독서 일지를 작성하였으나, 사회적 소수자를 올바르게 추론하지 못함.	10 소설을 읽었으나 독서 일지를 작성하지 않아 사회적 소수자 추론에 대한 검토가 어려움.	5 소설 읽기 활동에 참여하지 않아 사회적 소수자 추론에 대한 검토가 어려움.
소설을 읽고, 확산적 발문에 대해 구술하기 (40)	40 확산적 발문에 대한 응답을 3회 구술하였고, 3회 모두 적합하게 구술함.	30 확산적 발문에 대한 응답을 3회 구술하였으나, 그중 2회만 적합하게 구술함.	20 확산적 발문에 대한 응답을 3회 구술하였으나, 그중 1회 이하로 적합하게 구술함.	10 구술 활동에 참여하였으나, 응답을 하지 않아 적합성 검토가 어려움.
소설 관련 논제에 대한 성찰적 글쓰기 (40)	40 논제에 대한 자신의 의견을 제시하였고, 관련 근거를 2가지 모두 적합하게 제시함.	30 논제에 대한 자신의 의견과 근거를 제시하였으나, 관련 근거 2가지 중 1가지만 적합하게 제시함.	20 논제에 대한 자신의 의견과 근거를 제시하였으나, 관련 근거 2가지 모두 적합하지 않음.	10 논제에 대한 자신의 의견을 제시하지 않아 근거의 적합성 검토가 어려움.

▲ 학생들과 공유한 '독서 연계 탐구' 수행평가 루브릭

위 분석적 루브릭을 토대로 구술평가를 포함한 독서 연계 탐구 수행평가는 ①독서 및 질문 만들기 → ②구술평가 + ③성찰적 글쓰기로 이어진다. 이번 구술평가에서는 수렴적 발문을 제외하고 확산적 발문에 대한 구술 항목을 넣었다. 사회적 소수자를 바라보는 학생들의 자유로운 시각이 질문과 답변으로 녹아들기를 바랐다.

① (2차시) 단편 독서 및 학습지 질문에 답하기
② (1차시) 실증적 자료수집 및 학습지 질문에 답하기 (정보기기 활용)
③ (2차시) 모둠 토의 및 구술평가 질문 만들기
④ (1차시) 구술평가 (1) + 성찰적 글쓰기
⑤ (2차시) 구술평가 (2), (3) + 성찰적 글쓰기 및 과제 제출

▲ 진로선택 [사회문제 탐구](2학년), 독서 연계 탐구 수행평가 차시 흐름도

독서 일지 작성 및 질문에 답하기

『공존하는 소설』에는 단편소설이 총 8편 수록되어 있는데, 조남주 작가의 소설 「백은학원연합회 회장 경화」를 수행평가 전에 연습 삼아 공통으로 읽었다. '누구나 사회적 소수자가 될 수 있다'는 소설의 메시지가 도입으로 적절해 보였다. 단편 7편 중 5편을 골랐는데, [사회문제 탐구] 및 [통합사회] 교과서에서 예시로 등장하는 아동, 파견 이주노동자, 동성애자, 저소득층, 비정규직 총 5가지 사회적 소수자의 어려움과 연결해 보았다.

A. 「밤은 내가 가질게」 (안보윤) : 아동학대 및 방임
B. 「빙하는 우유 맛」 (서고운) : 파견노동자에 대한 고용 차별
C. 「고백」 (최은영) : 동성애자에 대한 혐오 표현
D. 「고요한 밤, 거룩한 밤」 (김숨) : 저소득층 독거노인의 고독사
E. 「중국어 수업」 (김미월) : 비정규직 노동자와 이주노동자 등 불안정한 노동의 현실

학생들은 이 중 1개의 단편을 선택하여 모둠을 꾸리고 같이 읽는다. 소설 속 사회적 소수자는 누구인지, 그들은 어떤 어려움을 겪는지 추론

한다. 학생이 읽을 단편을 정할 때에는 관련 책 내용이나 책 속 사회적 소수자는 알려 주지 않고 제목만 보고 손을 들어 보게 하였다. 탐구하고 싶은 사회적 소수자가 한쪽으로 몰릴 수 있다는 우려도 있었고, 다양한 사회적 소수자가 사회에 있는데 이를 선택하여 탐구하라고 하는 것이 옳은지 고민되었다. 얼추 학생들이 비슷하게 나뉘었고 단편을 읽으라고 시간을 주었는데, 유난히 한 모둠의 분위기가 진지하면서도 삭막했다. 그 모둠이 고른 소설이 최은영 작가의 「고백」이었는데, 그 모둠에는 평소 동성애자에 대한 이유 모를 거부감을 갖던 학생이 있었다. 그 학생은 소설을 잘못 골랐다며 친구에게 읽기 싫다는 눈빛과 손짓을 보냈다. 교사인 나에게는 딱히 티를 내지 않아 그대로 소설을 읽고 모둠 토의까지 이어지도록 두었다. 학생이 소설을 읽고 나면 마음과 생각이 조금은 바뀌지 않을까 기대하는 마음도 있었다.

단편을 읽은 후, 다음 질문에 대답해 보며 사회적 소수자를 추론하고 소설의 중심 주제를 정리하도록 했다.

> Q1. 소설 속 사회적 소수자는 누구이며 겪고 있는 어려움은 무엇입니까? 이는 실제 사회에서도 사회적 소수자가 겪고 있는 어려움입니까?
> Q2. 소설 속 사회적 소수자에게 나는 어떤 감정을 느끼고 있습니까? 왜 그러한 감정을 느낍니까?
> Q3. 소설의 사회적 소수자가 지금 한국에 있다면, 소설 외에 또 어떤 어려움을 겪을 수 있겠습니까? 그렇게 추론한 이유는 무엇입니까?
> Q4. 이 소설 속 사회적 소수자의 어려움을 해결할 수 있는 정책이 한국에 존재합니까? 있다면 어떤 점의 개선이 필요하고, 없다면 어떤 정책을 만들어야겠습니까?

Q1은 소설의 중심 주제에 대한 이해도를 확인하고, 사회적 소수자와 그의 어려움을 잘 추론하였는지 확인하는 질문이다. 소설 속 인물의 어려움이 단순한 공상이 아니라 현대사회에서 일어나고 있는 문제라는 것을 학생들이 인식하였는지 확인한다. Q2는 사회적 소수자의 어려움을 감정적으로 이해하고 있는지에 대한 질문으로, 무뚝뚝한 남고생들의 온정적인 마음이 깨어났는지 확인한다. 사회적 소수자 관련 정책을 톺아보기 위해서는 인물이 어려움을 겪고 있고 그 어려움에 대한 사회적 해결 방안이 필요하다는 연대 의식이 있어야 한다고 생각했다. Q3은 사회적 소수자의 어려움을 소설에서만 찾는 것이 아니라 우리 사회에서 찾아보는 질문이다. 예를 들어, 어떤 소설에서 파견노동자는 고용 차별 대우를 받는 어려움을 견디지만, 사회에서 파견노동자는 고용 차별 대우뿐 아니라 부당 해고, 장기적 실업 등의 어려움도 충분히 겪을 수 있다. 이처럼 가설적 질문을 활용하여 사회적 소수자가 우리 사회에서 겪는 어려움으로 확장하는 응답을 요구하였다. 이 어려움의 추론 이유는 자료 조사를 통한 통계 데이터나 사회조사 응답 자료 등으로 뒷받침하여 제시할 수 있다.

Q4는 어려움을 해결할 대안 모색을 위해 고안한 질문이다. 예시를 하나 들어 보면, 굶주리는 독거노인 중 부양해 줄 자녀가 있거나 재산 소득이 일정 기준이 넘는다면 복지 혜택에서 소외될 수 있다. 학생들은 김숨 작가의 「고요한 밤, 거룩한 밤」 속 독거노인이 대한민국의 복지 혜택을 받을 수 있는지에 대한 단서를 찾는다. 아들과의 통화 기록

을 언급하는 문장, 방세가 밀려 있다는 문장 등을 찾고 근거를 들어 대한민국 정책의 사각지대는 어디인지, 소설 속에서 인물들이 겪는 어려움이 현실에서도 왜 쉽게 발생하는지에 대해 답한다. 그러고 나서 문제를 해결하기 위한 개선점, 정책을 제안하는 글을 적어 볼 수 있다.

앞서 제시한 수행평가 차시 흐름도를 보면 정보기기를 활용하여 실증적 데이터를 검색 및 수집할 수 있는 1차시를 설계하였다. 그 이유는 '사회문제'를 규정하는 기준 중 하나가 객관성이기에 이를 충족하기 위한 실증적 자료수집 단계가 필요하다고 생각했기 때문이다. 이 1차시는 [사회문제 탐구] 과목의 일련 성취기준에 원인 분석, 통계 검증, 문제 해결, 대안 모색에 대한 기능 요소를 연결하기 위한 시간이기도 했다.

모둠 토의를 통해 학생들이 만든 질문을 섞어 구술평가하기

학생들이 답을 다 적으면 적은 내용을 바탕으로 모둠 토의가 진행된다. 적은 응답을 공유하고 친구들의 생각을 통해 배우는 시간이다. 위 질문 Q1~Q4에 대한 응답을 공유한 후에는 모둠끼리 '질문 만들기' 활동을 한다. 소설 속 사회적 소수자의 어려움이나 차별에 관한 질문도 좋고, 소설 속 인물과 연관 지어도 좋다. 폭넓게 모둠원들끼리 궁금한 점, 더 조사해 보고 싶은 점을 묻도록 한다. 그러고 나서 모둠에서 가장 인상적인 질문 2가지를 정하는데, 이것이 실제 평가에 활용된다.

구술평가는 공통문항 Q1, Q3, Q4 3문항과 모둠 제작 문항 2문항으로 총 5문항 중 3문항을 뽑아 진행하였다. 문항은 자연스럽게 사전에 공개되었고 선택문항은 모둠에서 자발적으로 만든 질문이니 평가에 대한 이의 제기는 없었다. 1차시 50분 수업 기준, 3문항 구술평가 및 꼬리질문 그리고 즉각적인 피드백, 점수 확인을 하면 7~8명 정도 진행할 수 있다. 즉각적인 채점이 가능하여 교사는 따로 채점 시간을 들이지 않아도 되고, 학생도 피드백을 들으며 자신의 부족함에 대해 빠른 보완이 가능하다. 종종 일대일로 마주 보고 하는 구술평가에서 학생들이 낯설어 하고 부끄러워하며 교사를 쳐다보지 못하는 경우가 있다. 이때 노트와 볼펜을 챙겨 가 학생의 눈을 잠깐 마주치고 무언가 열심히 적는 척을 하는 작은 배려를 해 준다면, 학생들은 덜 떨고 덜 부끄러워하며 교사를 더 잘 쳐다본다. 뚫어져라 학생을 바라보는 교사보다는 시선을 분산하며 쉼을 주는 교사를 더 편하게 느끼는 듯하다. 고개를 끄덕이는 비언어적 표현도 추천한다.

단편 「고백」에 대한 불만을 가지며 거부감을 내비치던 학생은 소설을 읽으며 '너무 말이 심하네.' 식의 작은 공감을 나타냈다. 그 학생이 뽑은 질문 중 하나는 모둠 제작 질문이었는데, '동성애자를 이상한 사람으로 볼 수 있는가?'라는 단순한 질문이었다. 질문이 단순하면 응답도 단순하기에 이를 어떻게 꼬리 질문할지 고민하던 중 학생의 구술이 시작됐다.

"이상하다는 것은 어떤 생명, 세포의 변이가 일어나는 것을 말하는데, 누군가를 사랑한다는 것은 그저 개인 자유의 호감 표현이므로 이상하다고 할 수 없습니다."

통합과학만 이수하고 온통 사회 과목만 선택했던 학생이라 '이상하다는 것'의 정의가 불명확할 수는 있으나 이를 [사회문제 탐구] 루브릭에서 평가할 것은 아니었다. 우리의 평가 루브릭에서는 질문에 대한 이 학생의 응답이 100점 만점에 200점! 최고의 응답이었다. 무엇보다, 평가자의 눈치를 보며 약자에 대한 거짓 공감을 표한 것이 아니라, 투박하지만 약자에 대한 자신의 온정을 그대로 나타낸 모습이 기특했다. 참고로 그 학생은 이 수행평가를 기점으로 학습 태도가 눈에 띄게 좋아져 학기말 [사회문제 탐구] 모든 과제에서 만점을 받았다.

성찰적 글쓰기

이번 성찰적 글쓰기의 주제는 '소설 속 인물(사회적 소수자)의 어려움 해결을 위한 대안 모색'이다. 사회문제를 해결할 방안, 어려움을 해결할 대안이 꼭 정책에 한정되지는 않는다. 인식 개선, 혐오 표현 규제, SNS 캠페인 등 다양한 시민 참여와 사회운동의 형식도 대안이 될 수 있다. 더불어 스스로가 갖고 있던 차별적 시선을 거두는 것 또한 충분한 대안이 될 것이다. 대안을 제안하고, 제안한 대안이 왜 필요하며, 어떻게 효과적인지 근거를 2가지 제시하는 것이 과제라고 안내하며 사전에 루브릭을 공유했다.

글쓰기 평가를 하는 이유는 2가지이다. 첫 번째, 개별 구술평가(1:1) 진행 중에 생기는 교실에서의 공백 시간을 채울 수 있다. 두 번째, 글을 쓰며 자신의 최종적인 의견을 정리할 수 있다. 이러한 점에서 성찰적 글쓰기의 논제로 새로운 논제보다는 앞선 독서와 구술평가 질문들을 총망라할 수 있는 넓은 범위의 논제를 추천한다.

사회과다운 구술평가 연구, 아직 진행 중

8차시 긴 호흡의 수행평가가 마무리된 후 교무실에 앉아 읽는 학생들의 글이 참 진솔하게 다가왔다. 자신의 언행을 반성하는 글부터 사회의 냉소에 슬퍼하는 글까지. 게다가 무의식적 차별이 얼마나 무섭고 편협한 것인지 깨달아 버렸다는 글도 있었다. 구술평가를 진행하며 목격한 학생들의 얼굴, 학생들이 뱉어 낸 말들, 결의에 찬 눈빛 등을 생각했는데, 충격으로 잊히지 않던 그 장면이 조금은 잊혀지는 것 같았다. 소설 속 인물들의 문장 하나가 신문 기사 하나보다 학생의 마음을 더 울릴 수 있다는 것을 처음 알았다. 동성애자가 아닌 '진희'의 어려움을 살피며 녹아나는 남고생들의 감수성을 볼 수 있어 뭉클하고 기뻤다.

수행평가 설계 시 목표로 했던 '남고생 감수성 녹이기' 작전은 성공적이었지만, 구술평가를 사회과답게 변형시켜 본 도전이 성공이었는지는 미지수다. 만족했던 부분은 위 질문 4가지 중 3, 4가지 질문을 통해 소설 속 어려움이 현실에도 있는 일임을 인식시킨 것, 그리고 소설 속 인물의 어려움을 실제 사회 정책을 통해 해결할 수 있는지 연결하도록 한 것에서는 사회과다웠다는 안도가 든다. 다만 아쉬운 점도 크다. 사회과 수업에서 통계나 기사 등 실증적인 자료를 인식하고 다루었을 때 사회문제의 객관성과 시의성을 충족할 수 있다 보니 이에 관한 질문을 넣어 진행하였다. 다만 이 질문이 구술평가와도 연관되다 보니 통계나 기사를 외우려 하는 학생들이 있었고 느끼지 않아도 될 부담을 느끼는 학생들이 있어서 매끄럽지 못한 부분도 있었다. 정리하자면 '소설'을 활용하면서 생기는 따로 노는 구간이 있는데, 이를 잘 융화한 수업을 완성해 보면 좋겠다. 학생들이 이름 모를 누군가의 아픔과 어려움을 외면하지 않기를, 계속되는 상대평가와 경쟁 속에서도 꿋꿋이 환대의 힘을 믿으며 손 뻗는 사람이 되기를 바라며.

수업·평가 활용 자료

『공존하는 소설』(안보윤 외, 창비교육)
아동, (독거)노인, 비정규직, 외국인 노동자, 동성애자가 겪는 여러 차별과 어려움을 초점화하면서도, 누구나 사회적약자가 될 수 있기에 환대의 공동체 속에 공존해야 한다는 메시지를 담고 있는 소설집이다. 차별에 관한 사회과학 도서보다 쉽게 읽히면서도, 여러 혐오 표현 등을 대사로 읽으며 사회에 차별이 만연하다는 것을 느낄 수 있다.

『유튜브는 책을 집어삼킬 것인가』(김성우·엄기호, 따비)
급변하는 미디어 환경 속에서 리터러시를 어떻게 정의할 수 있는지에 대한 학자들의 대담을 담은 책이다. 읽기와 쓰기 및 미디어 형식의 변화뿐 아니라 가짜 뉴스 및 소통의 위기 등에 대한 이슈까지 담고 있어 리터러시 관련 사회문제 도서로 읽기 좋은 책이다. 학생들의 문해력이 낮아지고 있다는 우려를 맞닥뜨린 지금, 정말 학생들의 문해력이 낮아진 것인지, 문해의 도구, 미디어가 달라진 것인지 교사와 학생이 같이 토론하기 좋은 책이다.

『이거 좋은 질문이야!』(에릭M.프랜시스, 사회평론아카데미)
학생들이 스스로 사고하게 만드는 질문이 좋은 질문이라는 책의 중심 주제에 따라, 핵심적 질문부터 논증적 질문까지 좋은 질문에 대해 예시를 들어 쉽게 서술되어 있다. 책 속 내용 중 '사고의 엄밀함을 촉진하기 위한 질문'을 재구성하여 가설적 질문과 창조적 질문을 구성할 수 있다. 사회과뿐만 아니라 전 교과에 대한 질문 가이드가 수록되어 있어, 학생의 사고력 증진을 위한 수업을 준비하고 있는 교사라면 큰 도움을 받을 수 있다.

정서적 공감대를 통한
사회과학 연구 방법의 실천

[사회과제 연구]_『울고 있는 아이에게 말을 걸면』(변진경, 아를)

학생들과 친밀감을 높이는 평가

일반적으로 프로젝트 수업 과정으로 수행평가를 디자인할 때, 학생의 수행 정도를 확인하는 도구로 활동지를 많이 활용한다. 어떤 경우에는 한 차시를 전부 활동지 작성 시간으로 할애해야 할 때도 많다. 특히 학생들의 깊은 생각을 확인하기 위해서는 '서술' 혹은 '논술'의 형식을 활용해야 하는데, 높은 수준의 사고력을 요구하는 평가일수록 학생들에게 글을 작성할 시간을 상대적으로 많이 주어야 했다. 학기마다 프로젝트 수업을 계획하면서 가장 고민이 되었던 부분은 학생들에게 생각할 시간을 많이 주는 것이 중요한데, 상대적으로 기본적인 서술 시간을 더 많이 확보해야 한다는 점이었다. 또한 하나의 프로젝트 학습에서 기본적인 활동지가 3~4개 정도 되다 보니 현실적으로 이를 평가하고 결과를 처리하는 일도 꽤 부담이었다. 학생들이 수업 과정에서 글쓰기보다는 생각을 더 많이 하도록 하는 동시에 교사의 평가 결과 처리 부담을 줄일 수 있는 방법을 고민하던 차에 마주한 것이 구술평가였다. 처음에는 단순히 한 권 읽기의 독서교육 연계 혹은 말하기의 화법 교육을 강조하는 국어과의 과제 정도로 생각했다.

어느 날 반가운 소식이 들려왔다. 지역의 일반사회 교과 교사들이 함께 공부하는 수업연구회에서 세미나를 열었는데, 세미나 주제 중 하나로 구술평가 사례 발표가 있었다. 수업에서 구술평가를 실천해 보겠다고 마음은 먹었지만 구체적인 계획을 세우지는 못하던 때였다. 구술평가 자료는 대부분 국어 교과와 관련된 것이었고 사회 교과에서 구술평가 사례를 찾기가 어려웠기 때문이다. 텍스트 중심으로 수업을 구성하는 국어 교과와 달리, 탐구 과정을 강조하는 사회 교과는 학생 스스로 자료를 수집하고 구성하는 형식으로 수업을 진행하는 경우가 많다. 그래서 사회 교과에서는 대부분 학생 평가의 산출물 형태로 탐구보고서 형식을 활용한다.

'사회 교과에서 구술평가를 한다면 어떤 측면을 강조해서 접근해야 할까? 과연 구술평가 형식으로 평가를 설계할 수 있을까?'

당시 세미나에 참여하고 난 후 간단한 소감을 메모로 남겼다.

> 구술평가 사례를 들으며 나도 도전해 보고 싶다는 생각이 들었다. 물론 '해 볼 수 있겠는데'라는 마음보다는 '어려워도 해 보고 싶다'는 마음이었다. 현재 읽고, 쓰고, 말하기라는 문해력의 기본 바탕 중에서 학교교육은 읽고 쓰는 것에 치중된 측면이 있다는 문제의식에 공감한다. 어쩌면 그동안 내가 사회과에서도 필요한 문해력을 경시하고 있었던 것은 아닌가 반성해 봤다. 그리고 사회과의 문해력 교육을 위해서는 더욱 구술과 서술이 동시에 필요하다는 생각을 했다. 이런 측면에서 학생에게 단순하고 막연하게 발표시키는 형태의 말하기보다는 '평가'의 형식을 통한 구체적 '구술'의 과제가 몰입도 측면에서 한 차원 다를 수 있다는 생각이 들었다. 함께 고민하면서 구술평가가 진행되는 과정에서 수업 시간 운영 방식에 대한 아이디어를 모아 봤으면 좋겠다.

누군가 먼저 해 본 경험은 이를 고민하며 망설이는 사람에게 큰 용기를 준다. '사회 교과에서 구술평가를 하는 것이 가능할까?', '사회 교과 구술평가는 달라야 하지 않을까?'와 같은 불안함과 고민은 다른 선생님들의 사례를 접하며 사그라들었다. 평가 수준, 평가 설계의 적절성 같은 여러 논의는 직접 경험하고 실천했을 때 더 진지하게 고민하게 된다. 수업연구회의 구술평가 사례 발표 이후, 구술평가에 관심 있던 교사들이 더 모여 공부하는 소모임이 구성되었다. 선생님들과 구술평가를 공부하며 차근차근 준비해 보려던 중에 새로운 학교에서 근무하게 되었다. 전교생 280여 명의 농어촌 남자고등학교에서 전교생 1300여 명인 도심의 여자고등학교로 이동하게 된 것이다. 환경이 바뀌고 3월 첫 2주를 보내며 구술평가를 계획했던 다짐이 점차 무너져 갔다. 소규모이던 이전 학교에서는 이미 다 아는 학생들이라서 어떤 수업을 하더라도 잘 이끌어 갈 자신이 있었다. 어쩌면 구술평가를 시도해 보려고 마음 먹은 것도 그런 이유였는지 모른다. 새로 근무하게 된 학교는 고입 선발을 거쳐 입학한 학생들로 상대적으로 학교 내 내신 경쟁이 치열하고 학생들도 이에 민감한 편이었다. 학생들과 래포가 형성되지 않은 채로 수업을 진행한다는 것도 부담이었다. 그러다 구술평가를 함께 공부하는 소모임 선생님과 이야기를 나누게 되었고 학교에서 겪는 여러 어려움을 하소연했다. 학생들과 래포 형성이 어려워 아무래도 구술평가는 어렵겠다고 말하자 선생님은 예상 밖의 조언을 했다.

"대부분 모둠별 구술평가를 하는데 일대일 개별 구술평가를 먼저 워밍업처럼 해 봐. 가능하면 빨리 하면 좋을 거 같아. 아마 아이들과 금방 친해질 수 있을걸? 아이들과 친해지고 싶다며. 실제 평가에 반영하지 않더라도 일대일 구술평가 형식으로 개별 인터뷰를 해 봐. 그냥 가볍게 해. 어렵지 않아."

구술평가 그 자체보다 아이들과 친해질 수 있다는 말이 나를 유혹했다. 원래는 2학년 [사회과제 연구] 과목에서 수행평가 영역 속 하나의 요소로 모둠활동 과정의 구술평가를 포함해서 계획했었다. 다시 1학기 평가 계획을 꺼내 보았다. 1학기 평가 계획 제출까지 1주일 정도의 시간이 남아 있던 때였다. 지필 1회(30%), 수행 영역 2개(70%)로 되어 있던 평가 계획을 수행 영역 3개(100%)로 수정했다. 지필 1회 대신 새로운 수행 영역으로 구술평가를 채워 넣었다. 기존 다른 수행 영역 중에 일부 평가 요소로 있었던 모둠활동 과정의 구술평가를 '구술평가'라는 독립적인 수행 영역으로 확장했다. 그리고 '구술평가' 수행 영역에 '개별 구술평가'와 '모둠 구술평가'로 평가 요소를 구성하며 평가 계획을 마무리했다. 학생들에게 1학기 평가 계획의 전체적인 개요를 안내했다. 학생들은 지필평가가 없다는 말에 환호했다. 대신 구술평가라는 말에 생소함과 긴장의 눈빛을 보였다. 그럼에도 지필평가가 없다는 생각 때문인지 금세 표정이 밝아졌다. 학생들의 밝아진 표정을 보는 것만으로도 조금은 더 친해진 느낌이 들었다.

사회과학 연구 방법론 수업 설계와 평가 계획 작성

[사회과제 연구] 과목은 고등학교 사회 교과 교육과정 위계에서 최종 심화 과목 성격을 띤다. 학습자가 그동안 사회 교과에서 학습해 온 지식을 토대로 연구 문제를 직접 선정하고 소규모 연구를 실제 수행하는 것을 목적으로 한다. 학생들의 개인적 관심사에 따라 선정한 연구 주제나 문제를 다루기 때문에 수업과 평가를 설계할 때 많은 고민이 필요하다. 특히 고등학교 1학년 [통합사회] 과목만 이수한 상태로 고등학교 2학년 과정에서 운영해야 하기 때문에 더욱 그렇다. 이런 고민 속에서 가장 주목했던 것은 교육과정에 명시된 [사회과제 연구] 과목의 성격이었다.

> 학생들은 그동안 학습한 내용을 종합하여 문제 해결에 이를 활용할 기회를 가져야 한다. … (중략)… 학생들은 인문·사회현상에 관한 다양한 주제에 관심을 가지고 연구 문제를 결정하고, 자료를 수집하며, 보고서를 작성한 후 그 결과를 발표하는 일련의 과정을 통해 학문적 소양과 탐구 능력, 창의력 및 문제해결력을 기르게 된다. …(중략)…
> '사회과제 연구' 과목을 이수하기 전 학습자는 '사회 탐구 방법' 과목을 먼저 이수할 필요가 있다. 학습자가 개인 혹은 소규모 연구를 수행하기 위해서는 연구 문제 설정에서부터 연구 보고서의 작성에 대한 기초적인 방법론적 지식을 갖출 것이 요구되기 때문이다.
> -[사회과제 연구] 과목의 성격 中-
>
> '사회 탐구 방법'은 인간과 사회현상에 대한 과학적 탐구 방법의 의미와 특징을 이해하고, 과학적으로 사회 탐구를 수행하는 데 필요한 기초 능력을 기르는 과목이다. 즉 '사회 탐구 방법' 과목을 통해 사회과학자들이 어떻게 인간과 사회현상을 과학적으로 이해하고 설명하는지 깨닫고, 예비 연구자의 연구 수행 및 결과 보고에 필요한 기초적인 연구 방법론적 지식을 습득한다. … (후략) …
> -[사회 탐구 방법] 과목의 성격 中-

교육과정의 과목 성격을 살펴보면 [사회과제 연구] 과목에서 [사회 탐구 방법] 과목의 선이수를 통해 강조하는 사회과학 방법론적 지식 습득이 가장 중요하다는 점을 알 수 있다. [사회 탐구 방법] 과목의 내용 영역 중 [사회과제 연구] 과목을 학습하기 위해 필요한 9개의 교육과정 성취기준을 분석하여 교사 수준의 평가 준거 성취기준으로 재구성했다.

> [23사과-01] 실증주의를 중심으로 사회과학의 발달 과정을 자연과학과 구분해서 파악하고, 양적 연구와 질적 연구의 특징을 비교·분석한다.
> [23사과-02] 각 연구 방법의 주요 절차와 자료수집 방법을 사회과학의 실제 연구 사례를 통해 살펴보고, 탐구 주제 및 탐구 목적에 따라 연구 방법이 달라질 수 있음을 설명한다.
> [23사과-03] 연구 방법의 한계점을 이해하고, 2개 이상의 연구 방법을 사용한 연구 사례에 대해 연구 방법의 의미와 구성 요소를 설명한다.

처음 지필평가를 계획할 때에는 이 과정을 강의식 이론 수업 중심으로 접근하며 논문 탐색의 수행평가로 보완하는 것을 계획했다. 그러나 지필평가 대신 구술평가를 계획하면서 강의식 이론 수업을 최소화하는 대신 논문 탐색 프로젝트 학습 영역을 중심에 두고 추가로 텍스트를 활용한 구술평가를 통해 이를 보완하는 형태로 계획했다.

'어떤 텍스트가 좋을까? 논문 말고 사회과학 연구 방법의 중요성을 확인할 수 있는 다른 텍스트가 없을까? 사회과학의 다양한 주제 영역을 학문 수준에서 접근하면서도 학생들이 좀 더 친숙하게 접근할 방법이 없을까?'

그동안 [사회과제 연구] 과목에서 가장 많이 활용해 온 텍스트는 논문이다. 그러나 논문만 보는 것은 바람직하지 않다. 또한 학생들이 연구 문제를 결정하고 자료를 수집하며, 보고서를 작성한 후 그 결과를 발표하는 일련의 과정을 꼭 소논문 형태로만 할 필요도 없다. 탐구 과정에서 즐거움을 얻기 위해서는 소논문이라는 형식적 틀이 아닌 자신이 선정한 문제 그 자체에 집중하는 것이 더욱 중요하다. 이미 논문 탐색 프로젝트 학습은 별도로 계획하고 있던 터라, 논문 이외의 적절한 텍스트를 찾는 것이 중요한 과제였다.

　결국 텍스트를 많이 접해 보는 방법밖에 없었다. 여러 추천 도서 목록의 도움을 받을 수도 있지만, 수업에 활용하려면 교사가 먼저 직접 읽어 보고 수업에 적용하는 상상을 미리 해 봐야 한다. 한창 수업을 고민하던 중에 자연스럽게 떠오른 책이 있었는데, 바로 '르포르타주', 소위 말하는 '탐사보도' 형식의 텍스트였다.

　[사회과제 연구] 과목의 첫 번째 학습 과제로 사회과학 연구 방법론에 대한 기본적 이해를 목적으로 하는 수업 설계와 평가 계획을 수립했다. 이를 위한 프로젝트 학습으로 사회과학 연구 방법론에 대한 이론 수업과 실습을 병행하는 과정의 논문 탐색 과정을 계획했다. 양적, 질적 연구 방법에 대한 이해와 각각의 연구 방법에서 활용하는 자료의 특징, 자료수집 방법 등을 배우는 것이 핵심이다. 이어서 르포르타주(탐사보도) 텍스트에서 학생들이 직접 연구 방법과 자료 활용을 중심으로 내용을 분석하는 과정을 설계했다. 텍스트로는 『울고 있는 아이에게 말을 걸면』을 선정했다. 이 책은 '시사IN'의 탐사보도 전문기자인 저자가 그동안 여러 아동 문제와 관련해 취재했던 내용을 르포르타주 형식으로 기록한 책이다. 책 내용 중에서 어린이보호구역의 실태를 고발한 「길 위의 어린이」라는 챕터를 발췌해서 함께 읽으며 분석하는 과정을 거치고, '난민 아동의 문제', '키즈 유튜브 문제'에 대한 내용을 학생들이 직

접 분석해 보는 활동을 계획했다.

구분	수행평가(과정중심평가)	
횟수/방법	논문 탐색	구술평가
반영 비율(%)	40%	30%
배점(점)	100점	100점
서논술형 반영 비율(%)	10%	0%
평가 시기	3월~4월	4월~6월
관련 성취기준	[23사과-01] [23사과-02] [23사과-03]	[23사과-01] [23사과-03] [23사과-04]
평가 요소	·사회과학 연구 방법의 특징 ·자료수집 방법 ·연구 방법의 주요 절차 ·사회과학 연구 방법의 한계 및 보완 ·연구 방법의 의미와 구성 요소	·자료수집 방법 ·과제 연구 대상의 조건과 특성 제시 ·인문·사회 과제 연구 사례 분석 ·연구 방법 활용의 의의 ·인문·사회 주제 탐색 ·사회과학 연구 성과의 의의

논문 탐색 수행 영역 평가는 모둠활동과 개별 활동을 병행하면서 수업 시간 중에 이루어지는 수업 단계별 활동지와 연구 방법에 따른 논문 비교 분석 과정에 대한 서술형 기반 평가를 실시했다. 논문 탐색 과정 평가 이후에 진행된 르포르타주(탐사보도) 텍스트 분석 과정에 대한 평가는 구술평가로 실시했는데 총 30% 비율(100점 만점)의 구술평가 수행 영역 중에서 15% 비율(50점 만점)을 반영하는 일대일 개별 구술평가 형식으로 진행했다.

성취기준		[23사과-01], [23사과-03], [23사과-04]			
평가 요소(배점)		평가 준거 및 점수			
1:1 개별 구술 평가 (『울고 있는 아이에게 말을 걸면』)	사회과학 연구에서 자료 활용의 의미	양적 자료와 질적 자료를 명확히 구분할 수 있으며 문제의 성격 및 핵심을 규정하는 각 자료의 활용 의의를 구체적으로 제시함.	양적 자료와 질적 자료를 명확히 구분할 수 있으나, 문제의 성격 및 핵심을 규정하는 각 자료의 활용 의의에 대한 설명이 부족함.	양적 자료와 질적 자료의 구분이 명확하지 않고, 문제의 성격 및 핵심을 규정하는 각 자료의 활용 의의에 대한 설명이 부족함.	양적 자료와 질적 자료를 구분하지 못하고 각 자료의 활용 의의를 설명하지 못함.
		20	16	12	8
	연구 과정 및 절차	주제의 성격에 맞는 연구 방법과 연구 방법의 절차에 따른 연구 과정의 각 단계별 내용을 구체적으로 발표함.	주제의 성격에 맞는 연구 방법과 연구 방법의 절차에 따른 연구 과정의 각 단계별 내용을 구분했으나 구체적이지 못함.	주제의 성격에 맞는 연구 방법과 연구 방법의 절차에 따른 연구 과정의 각 단계별 내용의 구분이 모호함.	주제의 성격에 맞는 연구 방법과 연구 방법의 절차에 따른 연구 과정의 각 단계별 내용을 구분하지 못함.
		10	8	6	4
	사회문제 내용 파악	읽기 자료에서 문제의 핵심을 명확히 규정할 수 있으며, 이에 대한 자신의 생각을 논리적으로 설명함.	읽기 자료에서 문제의 핵심을 명확히 규정할 수 있으나, 자신의 생각을 논리적으로 설명하는 내용이 부족함.	읽기 자료에서 문제의 핵심이 모호하며, 자신의 생각을 논리적으로 설명하는 내용이 부족함.	읽기 자료에서 문제의 핵심이 무엇인지를 제시하지 못함.
		10	8	6	4
구술 평가 기능 및 태도 요소	내용 전달력	청중을 고려하여 내용 및 용어를 설명하고 이를 자신의 언어로 발표함.	청중을 고려하여 내용 및 용어를 설명하기 위해 노력했으나 이를 자신의 언어로 발표하지 못함.	청중을 고려한 내용 및 용어를 설명하지 못하고 자료에 있는 내용을 그대로 활용함.	청중을 고려한 내용 및 용어 전달이 전혀 이루어지지 못함.
		5	4	3	2
	구술평가 참여 태도	구술평가 과정에 적극적으로 참여하며 다른 사람의 발표를 집중해서 듣고 적극적인 의사소통을 노력함.	구술평가 과정에 참여하며 다른 사람의 발표를 듣고 의사소통을 위해 노력함.	구술평가 과정에 참여했으나 의사소통을 위해 노력하지 못함.	구술평가 과정 참여를 위한 노력이 부족함.
		5	4	3	2

긴장감 넘치는 낯선 환경에서 일대일 개별 구술평가

　수업 목적은 사회현상의 탐구 주제에 대해 양적 자료와 질적 자료가 어떻게 활용되면서 주제를 드러내는지를 자료의 출처, 자료수집 방법 등과 함께 분석하고 이를 통해 과제 연구의 의의에 대해 생각해 보는 것이다. 『울고 있는 아이에게 말을 걸면』은 어떤 수업 시간에서라도 간단한 읽기 자료로 활용하려고 준비했던 책이다. 드라마 「이상한 변호사 우영우」의 내용 중에 대치동 학원에 다니는 아이들이 일명 '자물쇠반'이라는 곳에서 생활하며 편의점에서 끼니를 해결하는 에피소드가 있었는데 이를 현실에서 보도했던 것이 저자의 '아동 흙밥 보고서'라는 탐사보도였다. 탐사보도의 특성상 문제의 핵심을 밝혀 전달해야 하기 때문에 적재적소에 다양한 자료를 활용한다. 이때 통계자료와 인터뷰 자료가 많이 활용되고 직접 참여 관찰한 내용도 있으며, 이에 대한 해석적 이해의 내용도 많다. 논문이라는 딱딱한 형식을 벗어나기에 적절한 자료였으며, 여기에 더해 아동문제를 다루고 있다는 점이 더욱 매력적이었다. 고등학생 입장에서 아동문제를 바라보면 과거 자신의 경험을 활용해서 문제를 바라볼 수 있을 뿐만 아니라, 상대적으로는 성인의 입장에서 아동문제에 관심을 갖고 아동을 보호해야 하는 주체로서 인식하게 되리라 기대했다. 학습의 소재로 르포르타주(탐사보도)를 선택한 의도 역시 학생이 선정한 주제 및 문제에 대한 탐구 과정이 인지적 측면에서 자료를 분석하고 일반화하는 것을 넘어, 정서적 공감대를 형성한 실천성을 갖추도록 하기 위해서였다. 책의 전체 내용을 읽는 것은 시간 제약이 있어서 책의 내용 중에서 일부를 발췌하여 수업과 평가 과정에서 활용했다.

차시	주제	지도 내용
1	프로젝트 수업 차시 안내 및 독서 활동	전체적인 프로젝트 수업 과정을 안내한 후, 책의 내용 중에서 스쿨존 문제를 다루고 있는 '길 위의 어린이' 부분을 함께 읽음.
2	탐구 과정 분석	모둠별로 '길 위의 어린이'에 나타나 있는 양적 자료와 질적 자료를 구분하고, 각 자료의 효과성을 분석해 보고 자료 출처에 대해 검색함.
3	자신의 생각 발표	어린이보호구역 스쿨존 문제를 비롯한 어린이 안전 문제에 대해 자신의 경험을 바탕으로 생각을 발표함. (모든 학생 개별 발표 형식)
4	독서 활동	책의 내용 중에서 '키즈 유튜브' 문제와 '난민 아동' 문제를 다루고 있는 부분을 읽으며 분석하고 구술평가를 준비함.
5~6	구술평가	교사와 모든 학생이 개별 1:1 형식으로 구술평가를 진행함. (공통 2문항+선택 2문항, 학생별 3~4분)

▲ 수업의 흐름

　수업에서 평가 계획에 반영된 구술평가는 5, 6차시의 수행 과정이었다. 1~4차시에 있는 분석 및 발표 활동은 평가에 반영하지 않았으며, 교사가 제공하는 별도의 활동지 없이 수업을 진행했다. 1~3차시의 활동과 4~6차시의 활동은 읽기 자료 텍스트만 다른 동일한 형태의 과정이며, 학생들의 성취도 확인을 구술평가로 진행한 것이 다르다. 1~3차시는 4~6차시의 구술평가를 위한 일종의 연습 과정이다. 5~6차시의 구술평가는 교사와 학생 간 일대일 형식으로 진행했으며 공통문항 2문항에 선택문항 2문항을 학생별 3분 이상, 4분 이내로 답변하도록 진행했다. 공통문항은 2문항으로 2차시와 3차시 활동에서 질문했던 문항으로 구성했고 모든 학생들이 동일 문항에 대해 답변하는 형식이었다. 선택문항은 읽기 자료별로 각 3문항씩 구성하였으며, 그중에서 학생이 1문항을 제비뽑기하는 식으로, 총 2개의 읽기 자료에 대해 2문항씩 답변하는 형태로 진행하였다.

[공통문항]
1. 책의 내용에서 양적 자료와 질적 자료를 각각 구분해서 하나씩 찾아서 제시하고, 각 자료가 문제의 성격 및 핵심을 규정하는 데 어떻게 활용되고 있는지를 말씀해 주세요.
2. 두 가지 주제의 글의 내용을 연구 목적과 필요성, 연구 내용, 결론 및 대안 제시의 단계로 구분해 보세요.

[선택문항: 난민 아동문제] - 현장에서 제비뽑기한 문항 선택
1. 제시된 글에서는 '난민 아동'의 문제를 다루고 있습니다. '난민' 문제와 '난민 아동'의 문제를 구분해서 접근하는 것이 필요한지에 대한 자신의 의견을 자유롭게 말씀해 주세요.
2. 글에 나와 있는 여러 문제를 해결하기 위해서 우리 사회에서 필요한 것이 무엇인지 자신의 생각을 자유롭게 말씀해 주세요.

[선택문항: 키즈 유튜브 문제] - 현장에서 제비뽑기한 문항 선택
1. 키즈 유튜브 속 아이들의 놀이가 '놀이'가 아니라 '노동'이라는 주장에 대해서 자신의 의견을 자유롭게 말씀해 주세요.
2. '키즈 유튜브' 문제와 관련해서 자신이 추가적으로 연구하고 싶은 주제가 무엇이며, 구체적으로 어떤 내용을 더 알아보고 싶은지 발표해 봅시다.

개별 구술평가가 진행되는 2시간 동안 교실의 학생들은 다음 프로젝트부터 독서 연계 수업으로 진행될 텍스트를 읽으며 독서 일지를 작성하도록 했다. 교실 옆 별도 공간에 학생과 개별적으로 만날 수 있는 구술평가 공간을 확보했다. 학생들의 순서를 정하고 첫 번째 학생부터 차례대로 입장하도록 했다.

"긴장하지 말고요. 편하게 생각하세요. 먼저 반, 번호, 이름부터 소개해 주세요."

"네. 저는 2학년 3반 7번 고은경이라고 합니다."

"먼저 공통문항 1번부터 답변해 볼까요? 질문에 대해 바로 답변하면 됩니다."

"바로 시작하면 되나요?"

"네. 바로 시작하세요."

"잠시만요. 후유. 후유. 선생님. 죄송해요. 지금 제가 너무 긴장돼서요."

"괜찮아요. 너무 긴장하지 말아요. 심호흡하고 편하게. 편하게 해요."

"네. 그럼 지금부터 시작하겠습니다. 먼저 양적 자료부터 말씀드리면……"

낯선 공간에서 낯선 관계, 낯선 형식으로부터 오는 새로운 긴장감. 그리고 학생의 이야기를 진지하게 듣기 위한 교사의 노력. 학생과 마주앉아 수평적으로 눈을 마주치면서 내가 학생들과 눈 마주치기를 어려워하는 교사라는 사실을 새삼 깨달았다. 더듬더듬 말을 이어 나가는 학생의 눈을 마주치며 미소도 지어 보고 고개를 끄덕거리는 제스처도 해 봤지만 분명 자연스럽지는 못했다. 온 신경을 집중하며 학생의 발표 내용을 듣고 표정과 제스처 관리까지 할 여력은 부족했지만 그래도 상관없었다. 교사의 이런 부자연스러운 표정과 제스처 역시 구술평가만의 매력적인 평가 환경이자 새로운 학습경험이 될 것이다.

대부분의 학생들은 낯선 환경에서 많이 긴장하는 모습을 보인다. 그러나 답변 내용은 결코 그렇지 않다. 긴장감을 보이는 것과 달리 학생들의 답변 내용은 기대 이상이다. 평소 말수가 적거나 눈에 잘 띄지 않던 학생들의 새로운 모습도 발견할 수 있다. 그중에는 강의식 이론 수업과 논문 탐색 과정에서 자다 깨다를 반복하며 일부 활동에서 기본점수를 받았던 학생도 있었다.

"저는 아동 유튜브 영상과 관련한 내용이 인상 깊었는데요. 평소에는 좀 깊게 생각해 보지 않았는데 이 글을 읽으면서 아이들이 책임감을 강요받거나 재미있는 척 연기를 하고 있을 수도 있겠다는 생각이 들게 되었어요. 그리고 이 글에서는 주로 영상 제작 단계에 관련해서 얘기를 했지만 저는 댓글 반응에 대해서 많이 생각을 해 보게 되었는데 유튜브나 인스타그램 등을 보다 보면 아이들이 나오는 영상이나 직접 찍은 영상들이 많이 나옵니다. 그런데 대부분의 댓글 반응이 좋지는 않아요. 대부분 뭔가 흑역사다 나중에 보면 후회할 거다 이런 식의 아이들을 조롱하거나 비판하는 내용들이 많이 나와요. 더 큰 문제는 대부분의 플랫폼 이용자들이 이러한 댓글 반응들이 당연한 것이고 되게 유쾌하고 긍정적인 것이라고 여긴다는 것이에요. 그래서 저는 영상 제작 단계뿐만 아니라 그 일을 소비하는 과정까지 전반적인 아동 영상 관련 단계에서 변화가 필요하다고 생각합니다. 그래서 이를 위해서 관련 규제나 제도의 마련도 필요하다고 생각하고 무엇보다도 아이들을 돈벌이 수단이나 조롱의 대상으로 여기는 게 아닌 하나의 인격체로서 존중을 하는 문화의 확산이 필요할 것이라고 생각합니다."

학생들이 글로 작성해서 제출하는 활동지 평가에서는 백지로 제출해서 기본점수를 받는 학생이 있지만 말로 발표하는 구술평가에서 백지 제출은 없다. 잘하고 못하고의 차이는 있어도 모든 학생이 더듬더듬 한마디라도 자신이 아는 것과 자기 생각을 조심스럽게 표현하기 위해 노력한다. 교사와 단둘이 마주 앉은 일대일 개별 구술평가의 환경이기에 그럴 수 있을 것이다. 교사 생활을 하며 실시했던 수많은 수행평가에서 처음으로 기본점수를 받은 학생이 없던 평가였다.

구술평가의 모든 내용은 녹음하고 네이버 크로바노트를 활용해서 텍스트로 변환한 후 수정 과정을 거쳤다. 모든 채점을 구술평가 진행과 동시에 마무리하면 좋겠지만 그렇게 할 수는 없었다. 텍스트로 변환환 내용을 바탕으로 인지적 영역의 평가 요소에 대해 채점했다. 단 학생들의 답변 태도, 발표력과 같은 정의적 영역의 평가 요소는 구술평가 시간에 바로 채점을 마무리할 수 있다. 구술평가 이후에 이루어진 인지적 영역의 채점 과정 역시 기존 서논술형 형태로 활동지를 작성해서 이루어진 채점 과정보다 훨씬 수월하게 진행할 수 있다. 제한된 시간 내에 명확한 내용을 구술해야 한다는 조건이 있기 때문에 인지적 영역에서도 학생들이 얼마나 더 분명하게 이해하고 있는지를 확인하고 변별할 수 있다.

일대일 개별 구술평가를 마무리한 후 교실에서 학생들을 다시 만났다.

"여러분, 어땠나요? 많이 어려웠나요?"

"긴장되서 죽을 뻔했어요. 그래도 재미있었어요."

"세진이는 전혀 긴장하지 않던데?"

수업 시간에 처음으로 학생 이름을 기억해서 자연스럽게 불러 보는 순간이었다. 지목된 학생도 전혀 어색함 없이 대화를 이어 갔다.

"에이, 어떻게 긴장이 안 돼요. 엄청 버벅거렸는걸요."

"그래도 잘하던걸?"

"정말 잘했어요? 사실 무슨 말을 했는지 하나도 기억나지 않아요. (웃음)"

2시간의 일대일 개별 구술평가 이후 [사회과제 연구] 과목을 수강하는 모든 학생의 얼굴과 이름을 기억할 수 있었던 것이 나에게는 가장 뜻깊은 성과였다.

구술평가를 통한 학생 성장의 평가 피드백

평가의 전 과정에서 가장 중요한 것은 평가 결과의 피드백이다. 평가의 신뢰성을 확보하기 위한 피드백이 아닌, 말 그대로 '학생 성장을 위한 피드백' 말이다. 지금까지 평가 결과의 피드백을 위해 노력했으나 사실 평가 결과의 신뢰성을 확보하기 위한 피드백에 그쳤던 경우가 많았다. 네가 왜 이 평가에서 이런 점수를 받았는지에 대해 분석적 루브릭으로 다른 교사들보다 친절하게 안내해 왔을 뿐이었다. 평가 피드백 경험을 되돌아보면, 학생들은 평가가 이루어지고 한참 시간이 흐른 후에는 그 과제를 수행했을 때 자신의 실제적 경험을 떠올리지 못할 때가 많았다. 냉정히 말하자면 결국 학생의 성장에 도움이 되었다기보다는 이렇게 공정하고 세심하게 평가했다는 교사의 자기만족 수준에 그칠 때가 많았던 것이다.

언젠가는 단순한 루브릭의 채점 결과를 세부적으로 안내하는 것뿐만 아니라 교사로서 학생에게 평가 결과에 따른 조언을 하고 싶었다. 이 평가를 통해 앞으로 더 성장했으면 하는 바람을 담고 싶었다. 그러면 평가의 신뢰성은 당연히 따라올 거라고 생각했다. 이러한 바람은 마침내 구술평가 과정을 통해 조금이라도 이뤄질 수 있었다. 구술평가에서는 이런 평가의 피드백이 자연스럽고 즉각적으로 이루어질 수밖에 없다. 왜냐하면 학생의 구술 내용에 교사가 다양한 반응을 해 줘야 더 자연스럽기 때문이다. 개별이든 모둠이든 구술평가가 이뤄지는 과정에서 교사는 관찰 평가에 집중하기 때문에 학생들에게 해 줄 말을 생각할 충분한 시간이 있다. 일대일로 이루어지는 개별 구술평가일 때는 학생과 친근한 대화 형태로 좋았던 점과 부족한 점을 조언해 줄 수 있으며, 모둠별로 이루어지는 구술평가 역시 학생별로 필요한 내용에 대해 코멘트할 수 있다. 말 그대로 학생의 평가 결과에 대한 교사의 피드백이 있어야 평가의 전 과정이 자연스럽게 진행되는 흐름을 갖추게 된다.

"처음에 개인적인 경험을 바탕으로 이야기를 시작한 점이 매우 좋았어. 그리고 규제나 제도의 필요성을 언급했는데 어떤 방식의 규제가 필요했는지를 구체적으로 제시했으면 더 좋았을 거 같아. 단순히 규제나 제도가 필요하다는 설명은 어느 누구라도 할 수 있는 이야기인데 여기에 자신만의 생각을 추가적으로 보여 주기 위해서는 구체적인 예시, 사례를 제안하는 게 필요해."

"아동 유튜브 영상의 제작 과정에만 초점을 맞췄었는데 이를 소비하는 과정에도 문제가 있다고 지적한 점이 매우 훌륭했어. 특히 댓글 반응을 구체적인 사례로 제시한 게 분석력을 충분히 보여 줘서 좋았어."

"설명한 내용이 다소 추상적이고 모호했던 거 같아. 내용이 구체적이려면 케이트 레이워스의 이론에서 제시하는 구체적인 사례나 통계 정도만 활용해도 더욱 논리적이었을 거 같아."

"순환경제의 개념을 다 같이 협력해야 이루어진다는 관점으로 설명한 것이 저자의 핵심 메시지를 잘 이해한 내용이었어. 다만, 순환경제가 현재의 경제 모델과 어떻게 다른지, 그리고 그것이 기후변화나 자원문제 해결에 어떻게 기여하는지까지 설명했다면 더 풍부한 답변이 될 수 있었을 거 같아."

"답변에서 글의 핵심 주제를 명확하게 파악하고 집중하는 모습이 매우 좋았어. 지구적 대처라는 중요한 키워드를 잘 제시한 거 같아. 그런데 지구적 대처에 대해 강대국들의 역할이나 책임에 대한 논의를 더 추가해서 답변의 설득력을 더 높이는 노력이 필요했어."

평가 결과에 대한 교사의 피드백이 이루어진 이상, 이것을 구술평가에만 적용할 수 없었다. 다른 수행 영역의 평가 결과에 대해서도 피드백을 하기 위해 학생의 기존 개별 평가 루브릭 결과 이외에 〈MEMO〉 항목을 추가해 구술평가 이외 수행 영역에 대한 피드백으로 학생이 보완해야 할 부분을 작성하고 그 내용에 앞으로 더 성장했으면 하는 바람을 담았다.

이와 같이 학기말에 모든 과정을 마무리하면서 각 영역별 평가 루브릭 체크리스트 결과와 함께 영역별 피드백, 학기말 환산 점수 및 성취도를 포함한 개인별 평가 결과지를 학생들에게 나눠 줬다. 〈MEMO〉 항목의 교사 피드백은 활동지로 진행한 〈영역1〉, 〈영역2〉에 대한 내용만 작성했으며 〈영역3〉의 구술평가에 대한 피드백은 구술평가가 종료되고 바로 현장에서 이루어지는 즉각적 피드백으로 대체했다. 이런 평가의 피드백 과정은 교사가 학생을 한 번 더 살펴보고 깊이 있게 이해하는 데 도움을 준다.

"윤진이는 어느 쪽 진로를 생각해?"
"저는 미디어, 언론 쪽을 하고 싶은데 부모님은 이과 쪽 진로를 많이 권유하세요."
"선생님이 생각하기에 윤진이는 사회과학적 감각이 아주 탁월해. 미디어, 언론이 아니더라도 사회과학 분야 진로를 선택하면 좋아하고 잘할 거 같아."
"저도 수업을 받으면서 확실히 이런 분야가 재미있다고 느꼈어요. 그런데 잘하는지는 아직 잘 모르겠어요. 생각보다 사회 과목 성적이 좋지는 않아요."
"시험에 약한가 보구나.(웃음) 그런데 수업할 때 읽었던 책을 읽고 자신의 관점으로 해석하는 게 쉽지가 않은 일이거든. 그 속에서 문제의 핵심을 정확하게 찾아내는 것, 혹은 그 이면에 있는 구조적 문제까지 확장해서 생각하는 것은 너무나 어려운 일이야. 그런데 윤진이가 그걸 정말 잘 해서 솔직히 선생님은 너무 놀랐어. 사회과학의 어려운 용어들을 스스로 해석하고 알기 쉽게 풀어서 설명하는 것도 많이 놀라웠고. 그러니 자신감을 가져도 좋아."

이 학생의 시험 점수나 성적이 어떤지는 잘 모른다. 적어도 나는 이 학생이 사회과학 분야의 성취도가 높고 역량이 뛰어나다는 점을 확신한다. 어떤 학생에게 확신을 갖고 사회과학 분야의 감각이 탁월하다는 말을 건넨 것은 처음이었다. 구술평가는 학생의 감춰진 모습을 드러내 주어, 좀 더 깊이 있게 들여다볼 수 있게 해 준다. 학생과 마주하려는 노력에서 나 스스로 학생을 바라보는 눈이 깊어짐을 느낀다.

수업·평가 활용 자료

『울고 있는 아이에게 말을 걸면』(변진경, 아를)
아동 인권 문제에 대한 탐사보도 자료로 사회과의 중요한 내용 요소인 인권 문제를 개별 주제로 다루고 있다는 점에서 중학교, 고등학교 사회과 수업 모두 활용하기에 유용한 책이다. 특히 현재 문제를 고발하고 정책 대안을 요구하는 탐사보도의 특성상 다양한 자료를 바탕으로 논의를 전개하며 사회과의 비판적 사고력을 향상시키는 데 도움이 된다.

『벌거벗은 통계학』(찰스 윌런, 책읽는수요일)
복잡한 사회현상을 통계적으로 해석하고 이해하는 방법을 보여 주는 책이다. 실생활의 흥미 있는 소재를 다루기 때문에 통계학의 기본적 시각에 어렵지 않게 접근할 수 있다. 특히 사례별로 제시되어 있어서 일부 내용을 발췌하여 수업에서 활용하기에 유용하다.

『크게 그린 사람』(은유, 한겨레출판)
사회과학 연구 방법론의 질적연구 방법을 학습하는 데 활용할 수 있다. 이 책은 저자가 정치, 사회, 문화, 예술 분야 등에서 우리 사회에 감응을 주는 다양한 시야를 가진 18인을 인터뷰하고 기록한 책이다. 단순한 인터뷰 녹취가 아닌 저자가 인터뷰이와의 대화를 통해 인물을 해석하고 이해하는 과정이 포함되어 있다. 연구자의 직관적 통찰과 해석적 연구를 이해하기에 유용한 책이다.

사회과학 연구 주제의 인사이트 넓히기

[사회과제 연구]_『내일의 세계』(안희경, 메디치미디어)

[사회과제 연구] 과목 운영을 반성하며

처음 구술평가를 적용해서 실천해 보기로 한 과목은 고등학교 2학년 [사회과제 연구]였다. [사회과제 연구] 과목은 특수목적고 교육과정인 전문교과Ⅰ의 국제계열 선택 과목이다. 국제고 개설을 목적으로 만들어진 과목이지만 많은 일반고에서도 [사회과제 연구] 과목을 개설하고 있다. 대다수 일반고에서 [사회과제 연구] 과목에 주목하는 이유는 과목의 성격에 따라 학생들에게 어떤 배움을 취하고자 하는 측면보다는 학생부종합전형의 입시 측면에서 갖는 과목의 중요성 때문이다. 학교생활기록부 과목별 세부능력 및 특기사항 항목에 학생들의 소논문이나 탐구보고서를 기록할 수 없는데 [사회과제 연구] 과목은 예외적으로 소논문이나 탐구보고서 기록이 허용되어 있다. 따라서 그동안 [사회과제 연구] 과목에서 교사가 주목했던 부분은 학생이 수업 중에 탐구과정을 통해 얻는 배움보다는 최종 결과로서 학교생활기록부에 기록할 학생의 탐구보고서였다.

예전에 [사회과제 연구] 과목을 담당했을 때에는 수업 시간 중에 이루어지는 활동이나 평가보다는 학생들이 최종적으로 산출하는 탐구보고서에만 주목했다. 대부분의 수업 시간을 개별, 모둠별 탐구보고서를 작성하는 시간으로 운영했다. 그러다 보니 이 수업은 정말 재미가 없었다. 보고서 작성을 목적으로 하는 내용 체계 및 성취기준, 교과서도 없는 이 과목 수업의 가장 큰 고민은 '무엇을 배우도록 할 것인가?'에 대한 문제였다. 교사의 역할과 수업의 경계가 모호했다. 수업 시간에 학생들이 과제를 하는 동안 그저 멍하니 지켜보는 시간이 많았다. 오히려 수업 시간 이외에 보고서를 검토하고 정리하는 학생들의 역할이 더 컸다. 학교를 옮기고 [사회과제 연구] 과목을 다시 맡으면서 혹시 구술평가를 통해 이전에 느꼈던 불편함을 해결해 볼 수 있지 않을까 하는 생각이 들었다.

사회과학 주제 탐색 수업 설계와 평가 계획 작성

신학년도를 준비하면서 구술평가를 함께 공부하는 소모임에서 평가 계획, 루브릭, 활용 텍스트에 대해 논의했다. 샘플 텍스트를 통해 구술평가를 디자인해 보고 루브릭을 설계하는 과정까지 실습해 봤다. 소모임 선생님들과 구술평가를 포함해 각자 준비하고 있는 1학기 평가 계획을 함께 검토했다. 그 과정에서 내용 요소를 포함해 성취기준을 연결할 수 있는 텍스트 선정이 중요하다는 것을 알게 되었다. 교과서를 벗어나 학생이 더욱 깊이 있게 생각할 수 있는 텍스트를 선정하는 것이 구술평가 설계의 핵심이었다. 텍스트는 학생의 수업 경험에 해당하기 때문이다.

  텍스트 선정이 중요하다고 느낀 것은 단지 구술평가 때문만은 아니었다. 그동안 수업 설계를 하면서 디테일에 강해야 한다는 생각에 모든 것이 잘 짜인 친절한 활동지와 수업 자료 텍스트를 고민했던 적은 많았다. 교사가 제공하는 여러 자료가 학생 활동지와 얼마나 밀접하게 연계되는가에 따라 학생이 학습 경로를 이탈하지 않고 제대로 배울 수 있다고 생각했다. 그러나 동료 선생님들과 탐구의 의미에 대해 함께 고민하고 공부하면서 조금씩 생각이 바뀌었다. 모든 것이 친절하게 세팅되어 있는 수업 자료 텍스트나 활동지는 학생의 성장에 결코 친절하지 않다는 점을 깨달았다. 교사의 의도에 따라 정해진 경로로 학습한다는 것은 어떤 경우에는 학생 사고의 폭과 깊이를 제한할 수도 있기 때문이다.

  '좀 덜 친절할 필요가 있겠구나.'

  수업에서 디테일이 중요하다는 의미는 한 차시의 수업 설계가 아닌 전체적인 프로젝트 학습 과정 설계 측면이며, 이때 교사는 친절한 안내자 역할을 해야 한다. 하지만 어디까지나 학습 방향을 안내하는 데 친절해야 할 뿐, 학습 내용까지 친절하게 안내할 필요는 없다. 사실 학습 내용을 가장 친절하게 안내하는 것은 강의식 수업일 것이다. 모든 것이 친절한 활동지와 같은 수업 자료 텍스트보다는 여백이 많이 남는 텍스트가 배움을 통한 학습경험의 확장, 깊이 있는 학습에 도움이 되겠다고 생각했다. 구술평가는 그 여백의 공간을 학생의 생각으로 채워 넣을 수 있다는 점에서 현재 교육과정이 추구하는 평가 방식과 매우 맞닿아 있다.

평가 계획을 세우고 수업을 설계하면서 여러 번의 과제 연구 경험보다 한 가지 과제 연구를 하더라도 학생들이 성장하는 경험을 하기를 바랐다. 학생 스스로 탐구할 수 있는 일종의 '내력'을 쌓는 과정이 가장 중요하다고 판단했다. 그러려면 학생들이 직접 과제 연구 경험을 쌓기 전에 어떤 학습경험이 필요할지 고민했다. 다양한 사회과학 분야의 주제를 확인하는 것과 함께 사회과학 연구의 목적이 무엇인지를 학습하는 경험이 필요하다고 생각했다. 주제 탐색과 관련된 [사회과제 연구] 과목의 교육과정 성취기준을 분석하고 다음과 같이 교사 수준의 평가 준거 성취기준으로 재구성했다.

> [23사과-04] 교과에서 학습한 지식에 기반하여 사회과제 연구의 대상이 되는 다양한 인문·사회 주제를 파악하고, 연구 수행과 보고서 작성 과정의 의의를 설명한다.
> [23사과-05] 다양한 인문·사회의 주제가 연구된 사례를 조사하고, 주제 선정 및 주요 연구 절차를 검토하여 과제 연구의 전 과정을 총체적으로 설명한다.

고등학교 수준에서 학생들이 꼭 알아야 할 것은 사회과학이 사회현상에 대한 일반화와 예측을 통해 현재를 이해하고 미래를 대비하기 위한 학문이라는 점이다. 따라서 우리 사회가 당면한 과제에 대해 사회과학 분야에서 어떻게 설명하고 접근하는지를 다루는 것이 중요하다. 특히 학생들이 친숙하게 확인할 수 있으면서 사회과학의 제 학문 영역에서 중요한 학자들의 논의를 다룬 텍스트를 선정해야 한다. 구술평가만을 위한 텍스트가 아니다. 이미 학습 자료로서 여백의 공간이 많이 남는 텍스트를 제공하는 것이 중요하다고 생각했기 때문이다. 사회과학 분야의 성격을 총체적으로 아우를 수 있는 텍스트를 통해 사회과학 분야의 성격을 총체적으로 이해할 수 있는 독서 연계 수업 프로젝트를 계획했다. 마침 적절한 텍스트로 전 지구적 문제를 중심으로 다양한 분야의 세계적 석학들과의 대담을 정리한 인터뷰집 형식의 책이 떠올랐다. 인터뷰이므로 학생들이 생동감 있게 읽을 수 있고 직접 대화하는 느낌을 받을 것이라고 생각했다. 아울러 [사회과제 연구] 과목이 연구 방법을 주요 내용으로 하기 때문에 텍스트를 통해 인터뷰라는 형태의 자료수집 방법을 실질적으로 학습할 수도 있겠다고 생각했다.

　『내일의 세계』는 현대문명의 위기와 문제점, 그리고 미래 방향성에 대한 주제로 7명의 세계적 지식인과 인터뷰를 나눈 대담집이다. 7명의 학자 모두 자신의 고유 학문 영역과 성과가 있기 때문에 인류 사회의 미래에 대해 다양한 분야에서 접근이 가능하다. 수업 설계와 평가 계획을 수립하면서 독서 활동과 연계해 사회과학 주제를 탐색하고 이해하는 과정의 프로젝트 학습을 계획했다. 전체적인 독서 연계 과정의 활동지와 함께 학생들이 학자를 선택한 후 자료를 조사하고 직접 질문을 만들며 가상 인터뷰를 진행하는 과정을 평가 계획에 포함했다.

구분	수행평가(과정중심평가)	
횟수/방법	사회과학 주제 탐색	구술평가
반영 비율(%)	30%	30%
배점(점)	100점	100점
서논술형 반영 비율(%)	10%	0%
평가 시기	6월~7월	4월~6월
관련 성취기준	[23사과-04] [23사과-05]	[23사과-01] [23사과-03] [23사과-04]
평가 요소	·인문·사회 주제 탐색 ·사회과학의 연구 분야 ·이론적 배경 탐색 ·사회과학의 연구 과정 ·사회과학 연구 성과의 의의	·자료수집 방법 ·과제 연구 대상의 조건과 특성 제시 ·인문·사회 과제 연구 사례 분석 ·연구 방법 활용의 의의 ·인문·사회 주제 탐색 ·사회과학 연구 성과의 의의

사회과학 주제 탐색 수행평가는 개별 활동 중심으로 4차시에 걸친 독서 일지와 수업 단계별로 이루어진 학자와의 가상 인터뷰 활동지에 대한 서술형 기반의 평가를 실시했다. 사회과학 주제 탐색 과정 평가 이후에 진행한 구술평가는 모둠활동에 기반한 모둠 구술평가로 실시했는데 총 30% 비율(100점 만점)의 구술평가 수행 영역 중에서 15% 비율(50점 만점)을 반영하는 것으로 계획했다.

성취기준		[23사과-01], [23사과-03], [23사과-04]			
평가 요소(배점)		평가 준거 및 점수			
모둠별 구술평가 (내일의 세계)	사회과학 연구 분야 탐색	연구 분야에 대한 2개의 질문 모두 문제의 핵심을 명확하고 구체적으로 제시함.	연구 분야에 대한 질문에 대해 문제의 핵심을 명확하고 구체적으로 제시했으나 1개 질문에 대한 답변이 부족함.	연구 분야에 대한 질문에 대해 2개의 질문 모두 문제의 핵심을 명확하고 구체적으로 제시하지 못함.	연구 분야에 대한 질문에 대해 2개의 질문 모두 제대로 답변하지 못함.
		20	16	12	8
	읽기 자료 내용 이해	자신의 답변에 대한 추가 질문에 대해 자료의 내용을 바탕으로 구체적인 근거를 들어 설명함.	자신의 답변에 대한 추가 질문에 대해 자료의 내용을 바탕으로 설명했으나 구체성이 부족함.	자신의 답변에 대한 추가 질문에 대해 설명했으나 자료의 내용을 근거로 하지 못함.	자신의 답변에 대한 추가 질문에 대해 설명하지 못함.
		10	8	6	4
	질문 구성	다른 사람의 발표 내용에 따른 적절한 질문을 확산적 사고가 가능하도록 구성함.	다른 사람의 발표 내용에 따른 적절한 질문을 구성함.	다른 사람의 발표 내용에 따른 질문을 구성했으나 적절하지 못함.	다른 사람의 발표 내용에 따른 질문을 구성하지 못함.
		10	8	6	4
구술평가 기능 및 태도 요소	내용 전달력	청중을 고려하여 내용 및 용어를 설명하고 이를 자신의 언어로 발표함.	청중을 고려하여 내용 및 용어를 설명하기 위해 노력했으나 이를 자신의 언어로 발표하지 못함.	청중을 고려한 내용 및 용어를 설명하지 못하고 자료에 있는 내용을 그대로 활용함.	청중을 고려한 내용 및 용어 전달이 전혀 이루어지지 못함.
		5	4	3	2
	모둠별 구술평가 참여 태도	모둠 내 구술평가 과정에 적극적으로 참여하며 다른 사람의 발표를 집중해서 듣고 적극적인 의사소통을 노력함.	모둠 내 구술평가 과정에 참여하며 다른 사람의 발표를 듣고 의사소통을 노력함.	모둠 내 구술평가 과정에 참여했으나 의사소통을 위해 노력하지 못함.	모둠 내 구술평가 과정 참여를 위한 노력이 부족함.
		5	4	3	2

사회과학 분야의 인사이트를 넓히는 모둠 구술평가

세계적인 학자들은 자신의 학문 분야를 어떤 사고 과정으로 접근할까? 특히 그들의 문제의식은 어떤 식으로 발현이 되는가? [사회과제 연구] 과목에서 학생들이 주제를 선정할 때 세계적 석학들의 문제의식과 그 사고 과정을 참고하면 좋겠다고 생각했다. 그래서 전 지구적 사회 문제에 대해 7인의 세계적 석학과 인터뷰한 『내일의 세계』를 텍스트로 선정했다. 사회과학의 다양한 범위 및 논의를 살펴보고자 하는 목적이었기 때문에 본 수업은 발췌독의 형태가 아닌 한 권 읽기로 수업을 진행했다. 책을 읽고 독서 일지를 작성하는 시간은 앞선 프로젝트 수업에서 마무리 단계에 시행한 일대일 개별 구술평가가 진행되는 시간을 활용했다.

전체 프로젝트 학습의 목적은 사회과학에서 다루는 주제의 다양성과 함께 그것이 학문 수준에서 논의되는 양상을 학생들이 이해하도록 돕는 것이다. 교과 수업이든 창체 활동이든 그동안 과제 연구 활동에서 주제 탐색과 관련해서 진행했던 방식은 학생 스스로 논문을 검색하면서 자신이 관심 있는 주제를 탐색하는 방식이었다. 그러나 사회과학 논문에서 다루는 주제는 논문이라는 특성 때문에 대부분 구체적이면서 연구 범위를 제한하는 주제들이 많다. 따라서 학생은 이 과정에서 교사와 분리되고 동료 학생과 분리된 채, 개별적으로 진행하는 경우가 많다. 또한 이런 과정에서 학습 혹은 활동에서 소외되는 학생들이 많이 나타나고 이것이 그대로 최종 결과까지 이어지는 경우를 많이 봐 왔다. 교사 입장에서도 현실적으로 논문 수준에서 다루는 다양한 주제를 소화하기 힘들 때가 많다. 사회과학 분야에서도 특정 세부 전공의 구체적인 연구 문제로 연구 범위를 제한하는 논문을 벗어나, 사회과학에서 논의되는 다양한 학문적 논의를 학생들과 함께 확인할 기회를 가지고 싶었다.

차시	주제	지도 내용
1~3	프로젝트 수업 차시 안내 및 독서 활동	전체적인 프로젝트 수업 과정을 안내한 후, 『내일의 세계』를 함께 읽음.
4	『내일의 세계』 학자 선정 후 다시 읽기	7명의 학자 중에서 한 명을 선택한 후 책에서 해당 내용을 다시 읽고 독서 후 활동지를 작성함.
5~6	가상 인터뷰	독서 후 활동에서 자신이 작성한 질문을 토대로 해당 학자에 대해 자료를 수집하면서 가상 인터뷰 활동을 수행함.
7~8	구술평가 연습 문제 공개 및 답안 작성	구술평가를 위한 연습 문제를 공개하고 이에 대한 답안을 작성함.
9	구술평가 사전 연습	구술평가를 위한 모둠을 구성하고 구술평가 형식에 대해 안내한 후, 모둠별로 구술평가 형식에 따라 연습함.
10	구술평가	모둠별로 구술평가 진행 방식에 따라 구술평가를 진행함.

▲ 수업의 흐름

평가 과정은 최종 단계의 구술평가만이 아니라 활동지를 통한 중간 과정의 논서술식 평가를 병행하는 것으로 구성했다. 중간 과정에서 이루어진 평가에 활용된 활동지는 총 3종으로 독서 일지 및 독서 후 활동, 자료 조사, 가상 인터뷰 활동지였다. 7명의 학자에 대한 인터뷰 내용을 모두 다 읽은 후 자신이 관심 있는 학자 1명을 선정하고 해당 부분을 다시 읽으며 내용을 요약하고 질문을 만드는 내용으로 독서 일지 및 독서 후 활동을 수행했다. 그리고 이 과정에서 책의 내용 외에 추가적인 자료수집 활동이 이루어졌다. 가상 인터뷰 활동은 독서 후 활동을 통해 학생 스스로 만들어 낸 3개의 질문에 대해서 추가적인 자료를 수집하면서 학자의 입장에서 답변을 생각해 내용을 작성하는 활동이었다.

이 과정에서 적절한 구술평가 질문을 만드는 것이 가장 어려웠다. 개별 구술평가를 진행했을 때에는 모두가 동일한 읽기 자료를 집중해서 읽었지만, 본 과정에서는 그렇게 하지 못했기 때문이다. 전체적으로 책을 읽었으나 그 이후 구술평가 이외의 활동지 평가도 함께 진행하면서 학생들이 선정한 학자의 논의에 따라 집중해서 탐색했던 부분의 내용이 모두 달랐다. 구술평가의 대상이 되는 텍스트가 학생마다 다르기 때문에 구술평가의 질문을 어떻게 만들지 어려움이 많았다.

이 과정에서 전국국어교사모임의 송승훈 선생님 도움을 많이 받았다. 구술평가를 한창 준비하고 고민하던 때 지역의 고등학교 범교과 선생님들 학습공동체에서 독서 연계 교육 주제로 현장 기획형 연수를 실시할 때 송승훈 선생님을 강사로 초청할 수 있었다. 선생님께서는 독서 연계 교육만이 아니라 이를 확장한 구술평가까지 설명해 주시면서 자료를 공유해 주셨다. 그중 동일한 텍스트가 아닌 학생들이 서로 다른 텍스트를 읽은 후 주제에 따라 구술평가를 진행할 수 있는 질문 자료가 있었는데 마침 내가 처한 상황에 딱 들어맞는 자료였다. 선생님께서 공유해 주신 자료에 있는 사회과학 관련, 사회문제 관련 구술평가 문제 예시

155

에서 10가지 질문을 구성했다. 그리고 이 10가지 질문을 사전에 학생들에게 공개하고 학생들이 구술평가를 미리 준비할 수 있도록 진행했다.

1. 이 글을 읽으면서 어디에 초점을 맞추면 좋은지 말하고, 왜 그런지 설명하시오.
2. 이 글을 읽고 의미 있는 질문을 하고, 왜 그 질문이 의미 있는지 설명하시오.
3. 글에서 인상 깊은 한 문장을 말하고 그 이유를 설명하시오.
4. 글의 저자가 하려는 말을 한마디로 정리하고, 그 한마디가 왜 핵심인지 설명하시오.
5. 해당 문제에 대해 연구자들은 어떤 해결 방안을 제시해 놓았나요?
6. 연구자들의 해결 방안을 현실에 적용하면 어느 정도 문제가 해결되고, 남아 있을까요?
7. 이 문제를 해결하는 데 도움이 되는 개인의 실천 방안은 어떤 게 있나요?
8. 책을 읽은 다음에 달라진 생각을 말해 주세요. 또는 공감이 안 가는 점을 말해도 됩니다.
9. 글에서 자신의 의견과 다른 점이 있다면 이야기해 보시오. 자기 의견과 다른 부분이 없으면, 이 책과 의견이 다른 관점에 대해 설명하시오.
10. 이 문제에 대해 다른 책이나 영화나 뉴스나 자료에서 본 내용을 이야기해 주세요.

최종 모둠별 구술평가는 학생들 간 모둠을 구성하고 모둠 내에서 학생들이 순서에 따라 질문과 답변을 진행하는 형식이었다. 학생들에게는 이런 진행 형식이 익숙하지 않을 수도 있어서 구술평가가 이루어지기 전 1차시 동안 모둠별로 구술평가 진행 방식에 따라 연습하는 시간을 가졌다. 구술평가가 이루어지는 과정에서 교사는 개입하지 않고 관찰 평가에 집중한다. 학생별로 총 3개 문항에 대해 문항당 1분 이내로 답변하도록 했는데 2개 문항은 사전에 공개된 10가지 구술평가 질문에서, 1개 문항은 답변 내용에 대해 추가 질문이 주어지는 형태로 이루어졌다. 추가 질문은 모둠 내에서 다른 학생이 하도록 사전에 각자 담당을 정했다.

윤진 : 글의 저자가 하려는 말을 한마디로 정리하고 그 한마디가 왜 핵심인지 설명하세요.

세진 : 케이트 레이워스가 하려는 말을 정리하면 다 같이 노력하는 순환 경제인 것 같아요. 궁극적으로 이루고자 하는 것은 도덕경제학에서의 최적 상태에 도달하는 것이겠지만요. 그런데 그 방법으로 순환 경제를 제시했고 이를 위해서 기업, 개인, 정부 등 모두의 노력이 중요하다고 강조합니다. 공동체의 연대에 대해 강조한 것이죠. 따라서 이를 다 포함해서 한마디로 정리하면 다 같이 노력하는 순환 경제라고 할 수 있을 것입니다.

세진 : 이 글을 읽으면서 어디에 초점을 맞추면 좋은지 말하고, 왜 그런지 설명하세요.

은경 : 이 글에서 재러드 다이아몬드는 지구적 대처라는 키워드를 계속해서 이야기해요. 백신 얘기를 할 때도 코로나는 전 세계적 문제이니 이를 국가 단위로만 보는 것이 아니라 지구적으로 봐야 한다 말하고 기후변화도 전 지구적인 대처가 필요하다고요. 그러면서 현재 닥친 일들은 지구적 문제들이니 강대국들도 안심할 수 없고 지구적 대처를 마련해야 한다고 강조해요. 그래서 지구적 대처에 집중해서 글을 읽으면 궁극적으로 하고자 하는 이야기에 집중하면서도 각각의 문제들을 어떻게 지구적으로 대처할 수 있을지를 생각해 볼 수 있을 거 같아요.

일대일 개별 구술평가 때와 마찬가지로 구술평가의 전 과정은 녹음한 후 네이버 크로바노트를 통해 텍스트로 변환하는 과정을 거쳤다. 채점 기준 중 전달력과 듣기 태도는 구술평가가 진행되는 과정에서 바로 채점할 수 있고, 내용에 대한 평가는 구술평가가 마무리된 후 변환된 텍스트를 다시 읽으며 채점을 수행했다.

사회과 구술평가에 대한 교사 성장의 피드백

얼마 전 「흑백요리사」라는 요리 경연 프로그램이 큰 인기를 끌었다. 사람들이 그 프로그램을 좋아한 지점은 다들 다르겠지만 그래도 우리가 평소 보기 힘든 요리들을 구경할 수 있었다는 점에는 모두가 동의할 것이다. 같은 재료라도 누가 어떻게 조리하느냐에 따라 달라지는 요리들과 재료 하나를 허투루 사용하지 않는 모습들에서 그들만의 전문성을 보았을 것이다. 흔한 편의점 재료를 가지고 5성급 호텔에 뒤지지 않는 티라미수 케이크가 완성될지 누가 생각했겠는가? 그러나 그들의 화려함 뒤에 숨어 있는 기본기에 주목해 보자. 그들의 기본기에는 분명 양념을 배합하고 재료를 조합하는 그들 나름의 레시피가 있다. 처음에는 기본적인 레시피를 배우고 활용하는 과정이 있었을 것이고 거기에 자신의 생각을 더하고 덜어 내면서 점차 자신만의 독창적인 레시피를 개발할 수 있었을 것이다.

구술평가를 처음 접하고 실천할 수 있었던 것은 구술평가의 수업 사례라는 레시피를 얻을 수 있었기 때문이다. 국어과에서 축적되어 온 구술평가 수업 사례가 있었고, 이를 바탕으로 사회과 수업과 평가를 구술평가로 시도해 볼 수 있었다. 그러나 그 과정에서 사회과 구술평가 사례가 없었기 때문에 여러 시행착오를 겪기도 했다. 요리의 레시피처럼 이전 수업과 평가의 사례를 그대로 적용하는 것은 교사의 불안감을 없애 준다. 자신이 생각하고 기대하는 수준에 못 미쳐서 실패라고 자평할지 몰라도 최소한 학생들에게는 교사의 도전이 도움이 될 것이라는 안심과 용기를 준다.

일대일 개별 구술평가는 사회과 동료 교사와 함께 독창적으로 시도해 보았고, 모둠 구술평가는 국어과의 구술평가 단계를 그대로 차용하였다. 시기적으로 실제 수업 실행은 일대일 개별 구술평가를 먼저 진행하고 이후에 모둠 구술평가를 진행했으나, 준비 과정에서는 모둠 구술평가 설계가 먼저였고 일대일 개별 구술평가를 나중에 설계했다. 평가 설계에서 일종의 국어과 구술평가 레시피를 따라 설계한 경험을 바탕으로 사회과에 맞는 구술평가의 모습을 고민하게 된 것이다. 구술평가의 질문 역시 모둠 구술평가는 국어과의 구술평가 모형에서 다른 수업에 적용할 수 있게 구조화된 질문 문항을 그대로 활용한 반면, 일대일 개별 구술평가는 해당 수업의 성취기준과 텍스트에서만 적용할 수 있는 질문 문항을 개발해서 활용했다. 이렇게 서로 다른 형태의 두 가지 구술평가를 진행하면서 얻은 경험을 각각의 특성과 차이점에 따라 비교해 볼 수 있다.

우선 구술평가의 진행 형태를 교사와 학생 간 일대일로 이루어지는 형태와 학생들이 모둠을 이뤄서 진행하는 형태로 구분할 수 있다. 일대일 개별 구술평가에서 교사는 구술평가 과정에 적극적으로 참여하는 역할을 하지만, 모둠 구술평가 과정에서 교사는 관찰자, 평가자로서의 제한적 역할을 한다. 일대일 개별 구술평가는 교사가 적극적으로 학생의 답변을 자극할 수 있다는 장점이 있다. 또한 교사와 학생이 서로 인터뷰하는 형태를 취함으로써 자연스러운 분위기가 형성된다. 그러나 모둠 구술평가에 비해 시간이 오래 걸리며, 그 시간 동안 다른 학생들이 수행할 별도의 과제를 마련해야 한다는 점과 교사의 에너지가 많이 소모된다는 점이 단점이다. 모둠 구술평가는 처음부터 끝까지 학생들이 질문을 던지고 답변을 하기 때문에 평가 과정 모두 학생 주도적으로 이루어진다는 장점이 있다. 또한 다른 모둠 학생들도 함께 구술평가를 지켜보기 때문에 별도 과제의 부담이 없다. 반면 일대일 개별 구술평가에 비해 진행 방식이 다소 경직되어 있으며, 학생들도 편하게 대답하지 못하는 모습을 보인다.

다음으로 모든 학생이 동일한 텍스트로 구술평가를 수행하는 경우와 서로 다른 텍스트로 구술평가를 수행하는 경우로 구분할 수 있다. 전자 상황에서는 일대일 개별 구술평가에서 모든 학생이 교사가 제공한 발췌 텍스트를 활용했으며, 후자 상황에서는 학생들이 『내일의 세계』라는 책에서 학자에 따라 선택해서 발췌한 텍스트를 활용했다. 일반적으로 고등학교에서 독서 연계 교육을 할 때 학생들이 각자 텍스트를 선택하는 경우가 많은데 이는 대부분 학생들의 진로와 적성을 반영하기 위함이다. 앞에서 소개한 모둠 구술평가 사례에서도 학생들이 자신의 관심사를 반영해서 학자에 따라 발췌한 텍스트로 구술평가를 받도록 했다. 구술평가의 텍스트에 따른 두 가지 형태 모두를 진행해 본 경험에 따르면 구술평가에서 질문을 던지고 답변하는 모든 참여자가 텍스트를 함께 공유할 필요가 있다. 만약 학생들이 서로 다른 텍스트로 구술평가에 임할 경우 교사-학생 간 일대일 개별 구술평가라면 교사가, 모둠 구술평가라면 모둠 내 학생 모두가 모든 텍스트를 읽고 내용을 이해하고 있어야 평가를 통한 배움과 성장이 가능하다. 결론적으로 구술평가의 텍스트 범위가 넓어지면 이 조건을 충족하기 어렵기 때문에 구술평가 텍스트는 모든 학생이 읽을 수 있는 일정 범위의 동일한 텍스트로 제한하는 것이 낫다. 이는 구술평가의 질문 형태와도 연결되는데 동일한 텍스트일수록 텍스트에 초점을 맞춰 질문을 명확하게 구성할 수 있어서 학생의 답변도 보다 구체적으로 나온다. 반면에 서로 다른 텍스트인 경우에는 어떤 텍스트에도 적용 가능하도록 질문을 포괄적으로 구성해야 하고 질문의 초점과 학생 답변이 모호한 경우가 많다.

마지막으로 국어과 구술평가와 비교할 때 사회과 구술평가에서는 인지적 영역의 평가 요소를 강조할 필요가 있다. 사회과학의 학문적 성과라는 사회과의 기본 학습 내용 요소가 분명하기 때문에 구술평가 역시 내용 요소에 초점을 맞춰 '어느 정도 이해하고 있는지?'로 접근하면 좀 더 수월하게 구술평가에 접근할 수 있다. 지필평가 혹은 서논술형 평가를 통해 측정하고자 하는 것을 구술평가 형식으로 측정하는 것이다. 앞서 소개한 사례의 수업에서는 모두 수업 진행을 위한 텍스트와 구술평가를 위한 텍스트를 별도로 구분하지 않았다. 그러나 구술평가를 경험하면서 사회과에서는 보다 분명한 평가를 위해 수업에서 활용하는 텍스트 외에 구술평가를 위한 별도의 텍스트를 활용하는 것이 필요하다는 생각이 들었다. 그리고 전체적인 독서 연계의 과정보다 일종의 논술 시험에서 활용하는 제시문의 형태로 적합한 내용을 발췌하는 것이 필요하다. 사회과에서는 텍스트 선정이 더욱 중요하다는 뜻이다.

오래전부터 이런저런 수업과 평가 사례들을 보면서 레시피를 보고 요리를 따라하듯 내 수업에서 활용해 보면서 재미를 느낀다. 처음에는 사례를 보면서 단순히 따라 하는 것도 힘이 들었지만, 이제는 나름 기본기가 생겼는지 여러 사례에서 아이디어를 얻는다. 그러면서 학생들의 특성과 현재 나를 둘러싼 학교 상황 등을 고려하여 다르게 변형해 보기도 한다. 어떤 의미에서 많은 선생님들이 수업 사례를 공유해 주시는 것은 매우 감사한 일이다. 교과서나 문제지를 들고 문제풀이식의 인스턴트 요리를 학생들에게 내놓을 수도 있지만, 그것에서 벗어나 내 손길이 들어간 요리, 나를 느낄 수 있는 수업을 학생들에게 제공하는 즐거움을 누릴 수 있기 때문이다. 학생의 "재미있어요."라는 반응이 교사의 유머 감각에 대한 것이 아닌, 교사가 준비한 수업 자체에 있을 때 의미는 배가 된다. 어쩌면 거창한 감동이 담긴 말이 아닌 이런 일상의 자연스러운 반응이 교사를 성장시키는 원동력이 될 것이다.

구술평가는 학생들에게 생각할 수 있는 시간을 충분히 준다. 자신의 생각을 작성하기 위해 소모되는 시간까지도 학생들이 생각하는 시간이 되기 때문에 구술평가를 진행하면서 학생들의 발표 내용과 토의 내용의 수준이 높아짐을 느낀다. 글쓰기라는 활동은 분명 학생 성장에 매우 중요한 가치를 지니지만 그동안 우리는 그런 가치에 주목하기보다는 어디까지나 평가 수단으로 글쓰기를 해 왔던 것이 사실이다. 읽고, 쓰고, 말하는 행위를 통한 문해력의 가치에 주목하고 이를 통한 학생 성장을 고민하는 것은 국어과의 과제일 것이고, 사회과는 오히려 학생들이 사회현상 및 시민성에 대해 생각할 수 있는 역량, 사고할 수 있는 역량을 갖추도록 고민하는 것이 가장 중요한 과제일 것이다. 결국 구술평가를 통해 발견한 가치는 학생의 '글쓰기' 혹은 '말하기'라는 행위보다는 이런 행위를 통해 표현하는 학생의 '생각'과 '사고'의 힘, 즉 '무엇'을 서술하고, '무엇'을 말할 것인가라는 문제이다. 구술평가를 통해 얻은 이 '무엇'이 중요하다는 성찰을 통해 그동안 고등학교에서 당면했던, 특히 사회과 교사라면 더욱 고민할 수밖에 없었던, 학생들의 주제 탐구 과정에서 '무엇을 배우도록 할 것인가?'라는 질문에 대한 해답을 찾아 나갈 수 있었다.

수업·평가 활용 자료

『내일의 세계』(안희경, 메디치미디어)

전 지구적 문제에 대해 세계 지성 7인의 학자를 인터뷰한 대담집이다. 환경문제, 인구문제, 디지털 자본주의, 순환 경제, 탈중앙화와 분산화, 능력주의와 불평등, 돌봄을 통한 공동체 조성 등의 문제를 다루고 있다. 사회과 수업 주제에 따라 발췌해서 활용할 수 있으며 전문적 용어를 다루고 있기 때문에 내용 수준이 높은 편이라 심화 수준 읽기 자료로 활용하기에 좋다. 전 지구적 문제를 다루는 수업의 마무리 단계에서 활용하는 것을 추천한다.

『대한민국 재난의 탄생』(홍성욱 외, 동아시아)

세월호, 가습기 살균제, 미세먼지, 팬데믹 등 21세기 한국의 기술 재난을 과학기술학의 시각에서 다루는 책이다. 과학이나 기술이 특정한 사회적 맥락에서 사회적 요소들의 영향을 받아 구성되었다는 과학기술과 사회의 상호작용을 강조하는 관점으로 재난 문제에 접근한다. 교과 융합 수업이나 혹은 자연과학과 공학 분야 진로 학생들을 대상으로 사회문제를 탐구하는 수업을 설계할 때 유용하게 활용할 수 있다.

『인디고 바칼로레아 1, 2』(인디고 서원, 궁리출판)

이 책은 더 나은 삶을 위한 주제를 가지고 청소년들이 토론해 가는 과정을 담고 있다. 문학, 역사·사회, 철학, 예술, 교육, 생태·환경의 6개 분야별로 질문을 던지고 그에 대한 읽기 자료로 구성되어 있다. 내용이나 분량의 부담이 적고 생각을 열 수 있는 다양한 질문들이 포함되어 있어서 토의·토론 수업에서 쉽게 활용할 수 있다.

핵개인화 시대, 사회변동 속 개인과 사회구조 파악하기

[사회·문화]_「칠드런 오브 맨」(알폰소 쿠아론)

말하기를 말하기

쉬는 시간이면 쉴 새 없이 재잘대던 학생들도 수업 시간만 되면 소극적으로 변신한다. 이런 학생들을 보면서 문득 학생들은 말하기에 대해 제대로 배운 적이 있을까 싶은 의문이 들었다. 돌이켜 보면 나조차도 학창 시절에 명확하게 정해진 답이 있는 질문을 제외하고는 많은 사람 앞에서 내 생각을 말하는 것을 부끄러워했다. 지금의 학교도 여전히 변하지 않았구나 싶다. 우리는 언제부터 주어진 답만 하는 것에 익숙해졌을까? 학교에서 배운 대로 생각을 정제하여 정리하는 글쓰기에는 익숙해졌는데 말하기는 여전히 어렵다. 말하기는 언제, 어떻게 배울 수 있을까? 이러한 궁금증이 커지던 시점에 고등학교 2학년 [사회·문화] 교과를 담당하고 있었다. 다양한 주제가 포괄적으로 제시되어 있어 학생들이 일상의 경험을 자신의 언어로 이야기하기에는 [사회·문화] 교과가 여러모로 좋았다. 사회현상을 맥락적으로 관찰하고, 생각을 추가해 분석하고, 그 과정에서 학생들의 섬세한 감각들이 살아나기를 원했다. 하지만 구술평가라는 생소한 활동을 새로 옮긴 학교에서, 그것도 남고에서 바로 실천해 보기가 조금 두려웠다. 그럴 때마다 구술평가의 경험이 있는 동료 선생님들에게 SOS를 보냈다. 잘될지 모르겠다는 걱정스러운 마음을 전할 때마다 '오히려 구술이 학생들을 관찰하기에 더 가뿐할 거다'라는 답변에 용기를 얻었다. 학생들도 나도 처음 진행하다 보니 고민거리가 계속 생겼지만, '말하기'로 이어지는 관계 속에서 소통하고 싶었다. 읽기와 쓰기만큼이나 말하기가 중요하고, 사회 구성원으로서 여러 사람과 조화로운 삶을 살아가기 위해 제대로 된 목소리를 낼 수 있어야 한다는 것을 학생들에게 알려 주고 싶었다. 그렇게 사회 수업에서 '말하기를 말하기'라는 주제로 구술평가를 시작했다.

5가지 질문을 해결하며 준비하기

[사회·문화]의 어떤 단원과 연결 지어 배움을 끌어낼지, 텍스트는 어떻게 정할지 등등 평가 계획을 꼼꼼히 세우는 것부터 시작했다. '말하기를 말하기'로 프로젝트 주제를 정하고 학생들과 소통하고 싶었던

주된 이유는 『시대예보: 핵개인의 시대』(송길영, 교보문고)를 읽으면서 공감되는 부분이 많았기 때문이다. '핵개인의 시대'란 현대사회 변화와 개인의 역할 변화를 설명하는 개념으로, 개인주의를 넘어 자립적이고 능동적인 개인들이 서로 존중하며 사회적 책임을 다하는 새로운 패러다임을 제시한다. 사회는 굉장히 빠르게 발전하고 있는데, 개인이 자신의 이익만 추구하는 과정에서 파생되는 각종 사회문제가 만연하다. 혼자서는 사회를 살아갈 수 없음에도 개인주의를 넘어선 핵개인의 시대는 공동체를 위협한다. 그래서 구술평가를 통해 사회를 구성하는 요소들의 유기적 연결성을 발견하고, 사회구조와 개인을 연결 지어 자신의 언어로 이야기해 보는 것을 수업 목표로 삼았다. 따라서 아래의 5가지 질문을 해결하며 구술평가를 준비했다.

1. 교과의 어느 단원에서 할 것인가?
2. 텍스트는 무엇으로 할 것인가?
3. 모둠으로 평가할 것인가? 개인으로 평가할 것인가?
4. 루브릭 평가 기준을 어떻게 설정할 것인가?
5. 피드백은 어떻게 해 줄 것인가?

구술평가 준비를 위해 교과의 성취기준을 먼저 살펴봤다. [사회·문화]는 총 5개 단원으로 구성되어 있는데, 5단원 '현대의 사회변동'이 구술평가를 하기에 적합하다고 생각했다. 5단원은 사회변동을 설명하는 이론을 학습한 후, 사회변동 과정에서 발생하는 세계화, 정보화, 저출산, 고령화, 전 지구적 수준의 문제 등 다양한 주제를 폭넓게 다룬다. 이 주제라면 학생들이 일상을 관찰하며 과거, 현재, 그리고 미래 사회에 대한 생각의 변화를 관철하기에도 좋고, 개인과 사회구조와의 관계 속에서 자유롭게 생각을 뻗어 나갈 수 있으리라 생각했다. 다음은 5단원 성취기준이다.

> [12사문05-01] 사회변동을 설명하는 다양한 이론을 비교하고 사회운동이 사회변동에 미치는 영향을 분석한다.
> [12사문05-02] 세계화 및 정보화로 인한 변화 양상을 설명하고 관련 문제에 대처하는 방안을 모색한다.
> [12사문05-03] 저출산·고령화와 다문화적 변화로 인해 대두되는 과제를 제시하고 이에 대한 대응 방안을 모색한다.
> [12사문05-04] 전 지구적 수준의 문제와 그 해결 방안을 탐색하고 세계시민으로서 지속 가능한 사회를 위해 노력하는 태도를 가진다.

교과 성취기준이 정해지면, 내용에 걸맞은 텍스트를 정해야 하는데 고민이 깊어졌다. 평가 대상이 남고생이라는 점에서 여러 가지를 고려해야 했는데 우선적으로 고려한 것은 '흥미'였다. 텍스트로 책을 선정하려고 하니 오히려 더 어려웠고 익숙하지 않은 것에 대한 두려움이 걱정으로 번졌다. 그래서 이번 구술평가에서는 텍스트로 책이 아닌 영화를 활용하기로 했다. 지루하지 않으면서 적당한 반전이 있으며, 사회변동과 관련된 다양한 주제를 포괄할 수 있는 것으로 영화가 적절하겠다고 판단했다.

텍스트로서의 영화는 다른 장르에 비해 청각을 비롯한 다양한 감각적 요소가 있으며, 영상에서 보이는 장면들도 감독의 의도와 별개로 개인의 경험에 빗대어 해석할 수 있다는 점에서 매력적이었다. 같은 장면을 보더라도 다르게 해석되는 이유는 관객들이 각자 다양한 환경과 맥락 속에서 지내 왔기 때문이다. 따라서 장면에 관한 생각의 다양성을 모을 수 있겠다는 확신이 들었다. 의도한 대로 구술평가 연습 과정에서 한 장면을 두고도 학생 간의 가장 열띤 토론이 이루어졌다. 결론적으로 영화 「그래비티」의 감독으로도 잘 알려진 알폰소 쿠아론 감독이 연출하고, 2016년에 개봉한 SF 영화 「칠드런 오브 맨」을 첫 구술평가 텍스트로 선정했다.

「칠드런 오브 맨」은 세계 각지에서 폭동과 테러가 일어나고, 대부분의 국가가 무정부상태로 무너진 상황을 배경으로 한다. 아무도 아이를 낳을 수 없게 된 미래 2027년의 상황, 세상에서 가장 어린 사람인 디에고가 18세에 죽었다는 뉴스가 흘러나오고 많은 사람이 눈물을 흘리는 장면으로 영화가 시작된다. 유일하게 군대가 살아남은 국가 영국에서는 불법 이민자들이 넘쳐나고, 아들을 잃은 이후 삶의 의지가 사라져 버린 주인공 '테오'와 기적적으로 임신한 흑인 소녀 '키'와의 우연한 만남으로 이야기가 시작된다. 키가 안전하게 출산할 수 있도록 '인간 프로젝트'를 성공해야 하는 과정에서 주인공 '테오'의 감정 변화를 몰입하여 관찰하고 인류의 희망과 종말에 대해 생각해 볼 수 있는 영화다. 이 영화를 시청하며 국가의 역할을 돌아보고, 여러 장면을 통해 지금과는 다른 무질서한 사회, 저출산과 고령화, 세계화 등 사회변동과 관련된 요소들을 알 수 있다. 상영시간이 109분으로 꽤 길었지만 학생들이 생각의 전환을 하기에 알맞은 영화였다.

구술평가를 모둠으로 할지 개인으로 할지 선택의 갈림길에서 고민한 적이 있었다. 1:1로 구술평가를 진행하면 교사와 학생 간 래포rapport를 형성하기도 좋고 학생들이 조금 더 자신의 이야기를 할 수 있겠다고 생각했지만, 모둠 평가로 진행하기로 했다. 동일한 영화를 보더라도 학생들의 배경지식, 흥미, 교과와 연계하는 능력, 비판적 사고력 등이 각자 다르기에 영화 장면을 보면서 생각하지 못했던 것들이 다양하게 발현되리라 생각했다. 문해력 또한 배경지식을 나누는 대화를 통해 길러질 수 있다고 생각한다. 『학교 속 문해력 수업』(박제원, EBS BOOKS)에서는 배경지식이 비판적 사고를 완성한다고 설명한다. 다양한 배경지식을 활용하였을 때 미래의 위험까지 고려한 참신한 대안을 찾아내려고 노력하는 자기주도적이고 미래지향적인 인간으로 성장할 수 있다는 것이다. 모둠 구술평가가 개인별 구술평가보다 어려울 거라고 짐작했지만 기대하는 효과가 명확하게 나타날 거라 생각했고, 학생도 교사인 나도 처음이니 부딪혀 보기로 했다. 수업은 '사회변동에 관한 이론 수업 → 영화 관람 → 모둠별 구술평가 연습 → 구술평가 진행 → 성찰 활동지 작성'의 흐름으로 구상했다.

평가 요소	평가 척도 및 채점 기준				
	매우 우수	우수	만족	다소 미흡	미흡
사회학적 개념과 연결 지어 사회변동 분석하기 (60)	60 사회학적 개념을 바탕으로 사회문제를 구체적으로 분석하였으며, 문헌자료를 바탕으로 의견과 사실 근거를 논리적으로 제시함.	50 사회학적 개념을 바탕으로 사회문제를 분석하였으나, 문헌자료를 바탕으로 의견과 사실 근거를 제시할 때 오류가 1가지 있음.	40 사회학적 개념을 바탕으로 사회문제를 분석하였으나, 문헌자료를 바탕으로 의견과 사실 근거를 제시할 때 오류가 2가지 있음.	30 사회학적 개념을 바탕으로 사회문제 분석이 다소 미흡하며, 의견과 사실 근거를 제시할 때 오류가 3가지 있음.	20 사회학적 개념을 바탕으로 사회문제의 특성을 명확히 이해하지 못하였으며, 설명 내용에 오류가 4개 이상으로 많음.
성찰 활동지 작성하기 (40)	40 의미 있는 질문을 만들고 자신의 삶과 연결 지어 성찰적 글쓰기가 이루어졌음.	35 자신의 삶과 연결 지어 성찰적 글쓰기가 이루어졌으나, 의미 있는 질문 2가지 중 1가지만 적합하게 제시함.	30 자신의 삶과 연결 지어 성찰적 글쓰기가 이루어졌으나, 의미 있는 질문에 일부 오류가 있음.	25 자신의 삶과 연결 지어 성찰적 글쓰기가 다소 미흡하며, 의미 있는 질문에 2개 이상의 오류가 있음.	10 활동에 참여하였으나, 질문에 대한 답변이 충실하지 못함.
수행평가 응시 기본점수				30점	
본인 의사에 의한 수행평가 미응시자 (미제출자, 장기 미인정 결석자 포함)				20점	

▲ 구술평가 루브릭 평가 기준

교과 단원 및 텍스트 선정, 구술평가 방법까지 설정했다면 이제는 실제 평가 기준을 설정해야 한다. 루브릭 평가 기준을 어떻게 세울지 고민이 깊어질 때 수업의 흐름을 다시 한 번 꼼꼼히 짚어 나갔다. 100점 만점 중에 구술평가를 60점, 성찰 활동지를 40점으로 배분했다. 학생들이 질문에 대해 사회학적 개념과 연결 지어 생각할 수 있도록 평가 기준을 설정하고, 의견에 대한 근거를 논리적으로 답변하는 것에 중점을 두었다. 구술평가를 준비하는 과정에서 다양한 자료를 찾아볼 수 있도록 안내하고, 주장과 근거가 일치하지 않거나 오류가 있으면 감점하는 것으로 정하여 학생들이 논리적 근거와 함께 의견을 펼치고 성찰할 수 있도록 기준을 설정했다.

사회변동에 대한 이론 수업까지 포함해서 확보할 수 있는 수업 차시는 총 9차시였다. 처음 진행하는 구술평가이기도 하고, 예기치 못한 상황에 대처하기 위해 수업을 여유롭게 구상하였다. 수업 차시별 구체적인 계획은 다음과 같다.

차시	활동
1	<이론 수업> 사회변동
2	<이론 수업> 사회운동 및 저출산·고령화
3	구술평가 활동 안내 및 방법 설명
4-6	영화 「칠드런 오브 맨」 감상하기
7	구술평가 모둠별 연습
8-9	구술평가

▲ 차시별 수업 계획

총 9차시의 수업 계획에서 이론 수업은 2차시에 걸쳐 진행했다. 사회·문화 개념에서 나오는 사회변동의 방향을 설명하는 이론인 진화론과 순환론, 거시적 관점에서의 기능론과 갈등론을 조금 더 자세히 다뤘다. 구술평가를 하려면 교과의 개념과 지식도 중요하고 이를 토대로 생각을 뻗어 나갈 수 있어야 한다. 영화를 보고 난 후 바로 구술평가가 진행될 텐데, 구술평가가 생소하다 보니 설명을 통해 익숙해지는 시간으로 3차시를 구성했다. 3차시에는 모둠을 구성하고 구술평가의 질문을 소개하며 구술평가 답변의 순서를 정하는 등 학생들과 질의응답 시간을 가졌다.

함께 사유하며 성장해 나가는 시간

1, 2차시의 이론 수업은 금방 지나갔다. 영화를 시청하기 전에 학생들에게 '우리는 미래에 어떤 사회에서 살게 될 것인가?'라는 질문을 던졌다. 학생들이 미래 사회에 대한 상상력을 마구 펼칠 때, SF 영화인 알폰소 쿠아론 감독의 영화 「칠드런 오브 맨」을 볼 거라고 안내했다. 영화를 시청하기 전, 평가 계획서를 토대로 평가 요소 및 채점 기준을 안내하고 사전 질문지를 나눠 주었다. 지식·기능 영역에서는 랜덤으로 2개의 질문, 가치·태도 영역에서는 학생들이 희망하는 질문 문항을 선택하게 하여 평가가 이루어진다고 안내했다. 일단 영화를 보면서 학생들이 생각할 거리가 있어야 했다. 그때부터 구술평가에 대한 '질문'을 지식·기능 영역과 가치·태도 영역으로 나누어 구상하기 시작했다. 이렇게 영역을 나누어 질문을 구상한 이유는 지식·기능 영역에서 학습한 교과 개념과 지식을 일상에 적용할 수 있는지 확인하고, 가치·태도 영역에서는 영화 속 장면을 '나'에 빗대어 학생들이 삶을 성찰해 보기를 바랐기 때문이다.

지식·기능 영역에서는 5단원 '현대의 사회변동'에서 주로 다루는 사회변동을 바라보는 관점인 기능론과 갈등론, 저출산, 고령화, 사회 운동, 진화론, 순환론 등의 교과 지식을 영화와 연결 지어 자신의 언어로 설명할 수 있는지 확인하는 과정이기 때문에 질문을 더욱 명료하게 구성했다. 지식·기능 영역은 수렴적 사고가, 가치·태도 영역은 확산적 사고가 필요했다. 이제껏 고등학교 교과 수업은 수능 준비라는 명목하에 정해져 있는 정답을 맞추도록 연습해 왔다. 그 과정은 생각보다 꽤 길다. 그래서 학생들은 가치·태도 영역에서도 정답을 찾으려고 하는 경향이 강하기 때문에, 생각을 자유롭게 이야기해도 된다는 것을 여러 차례 강조했다. 가치·태도 영역에 관한 질문은 정답이 없기에, 학생들이 자신의 생각을 자유롭지만 논리적으로 펼치는 답변을 해 주기를 바라면서 영화를 보며 실제로 궁금했던 질문들을 다듬어서 정리했다.

[지식·기능 영역]

1. 영화에 나타난 사회문제를 거시적 관점과 연결 지어 설명해 주세요.
2. 출산은 개인의 선택과 사회적 책임 중 어느 것에 가깝다고 생각하나요?
3. 인구의 고령화는 사회문제라고 생각하나요?
4. 영화에서 전쟁과 테러가 발생하는 이유는 무엇인가요?
5. 사회에서 국가의 역할은 중요하다고 생각하나요?
6. 영화를 보고 우리가 사는 사회를 어떻게 바라볼 수 있을까요? 기능론과 갈등론 중 하나의 이론을 선택해서 설명해 주세요.
7. 영화를 보고 난 뒤 (우리가 과거에 경험했거나 현재 진행 중으로) 사회 변화를 주도했던 사회운동의 사례를 설명해 주세요.
8. 사회변동은 진화론과 순환론 중 어떻게 이루어지고 있다고 생각하나요?

[가치·태도 영역]

1. 영화를 본 다음 달라진 생각을 말해 주세요. 또는 공감이 안 되는 점을 말해도 됩니다.
2. 영화를 보고 가장 인상 깊은 장면을 이야기해 주세요.
3. 당신이 만약 주인공 테오라면 키를 구했을까요?
4. 당신에게 지금 가장 중요한 것은 무엇인가요?
5. 당신은 사회를 어떤 관점으로 바라보고 있나요?
6. 인류에게 희망은 존재한다고 생각하나요?
7. 영화처럼 인류가 출산을 못하게 된다면 어떻게 될지 설명해 주세요.
8. 사회가 변화하기 위해 개인의 노력이 중요하다고 생각하나요?

▲ 구술평가 질문

질문지를 만들고 나니 실제로 모둠 평가가 이루어질 때 다른 모둠에서 할 것이 필요했다. 그래서 구술평가와 동시에 평가할 수 있는 성찰 활동지를 함께 만들었다. 성찰 활동지는 사전 질문을 바탕으로 학생들이 생각을 정리할 수 있도록 구성했다. 첫 번째 문항은 학생들이 실제로 고른 질문을 정리하여 적는 것으로, 두 번째 문항은 사전 질문지에는 없지만 개인적으로 궁금했던 질문을 만들어 보고 스스로 답변하는 문항으로 구성했다.

4차시부터 6차시까지 꽤 긴 시간 동안 영화를 시청하고, 이후 7차시에는 모둠별로 연습하는 시간을 가졌다. 구술평가가 어떻게 진행되는지 모둠별로 감을 익히고, 질문에 대한 답변을 어떻게 논리적으로 전달할 것인지 스스로 연습하게 했다. 구술평가를 진행할 때 학생들의 의견이 가장 활발하게 오가며 배움이 실현되는 시간은 7차시의 구술평가 연습 시간이다. 학생들이 영화를 보고 교과 개념과 자유롭게 연결해 보며 친구들과 주제에 대해 토의하고, 스스로 사유하는 시간을 갖는 모습을 보니 학생들은 우리가 살고 있는 사회가 어떻게 나아갈지에 대한 질문의 답변을 정말 곰곰이 생각해 보는 것 같았다. 7차시는 자유롭게 이야기하며 모둠별로 평가가 어떻게 진행되는지 시뮬레이션하는 시간이기에 이제부터는 모둠끼리 대화하며, 선생님은 관찰자로서 함께한다는 점을 강조했다. 평소 수행평가에 적극적으로 참여하지 않는 학생도 친구들을 위해 질문 읽기를 도와주거나 시간을 확인해 주는 등 말하기의 과정을 숨죽여 경청했다. 모둠별로 구술을 연습하는 시간이었지만 자연스레 궁금증이 솟아나는 듯한 학생들의 모습이 좋았다.

특히 영화의 한 장면을 두고 열띤 토론이 벌어졌다. 평소 사회 수업에 관심이 없던 승혁이는 영화를 보고 "그래서, 아기는 살아 있는 거야? 국가가 사라졌는데 어디로 도대체 어디로 가는 거야? 거기는 안전한가?"라며 친구들에게 물었다. 저출산이 개인의 책임으로 전가되는 것에 대해서도 질문했다. 교과서에는 저출산의 원인이 여성의 경제활동 증가로 서술되고 있는데 저출산을 사회문제의 관점으로 바라보았을 때 여성에 대한 책임으로 치부되는 것은 아닌지 물음을 던지며, 영화에 나타난 사회문제를 우리가 살아가는 사회 속 다채로운 영역과 유기적으로 연결 지어 이야기 나누는 모습이 놀라웠다. 또 다른 영화 장면으로 정부가 안락사 약을 권장하는 TV 광고가 나오는 것을 보고 성주는 "국가가 가장 궁극적으로 해야 하는 역할은 무엇일까?", "안전하지 않은 사회에서 우리의 인권은 보장되기 어려운가?"라고 질문하며, 친구들과 열띤 토론을 하는 것도 인상적이었다.

학생들에게는 7차시에 관찰자 입장에서 지켜보겠다고 이야기했지만 사실상 구술평가에 대한 피드백은 7차시 모둠별 연습에서 많이 이루어졌다. 모둠에서 대화가 산으로 가면 교사는 관찰자 입장에서 벗어나 적극적으로 개입해야 한다. 7차시는 학생들이 질문에 대해 충분히 사유하는 시간이기를 바랐다. 피드백을 7차시에 진행한 이유는 학생들이 실제 구술평가를 시행하기 전에 피드백을 받으면 실전에서 말하고자 하는 메시지를 논리적으로 전달하리라 생각했다. 내성적인 성격 때문에 구술평가를 두려워했던 은환이에게 '영화 한 장면을 두고 기능론과 갈등론의 관점에서 분석한 답변이 논리적이어서 좋다, 목소리만 조금 더 키우면 실전에서 더 잘하겠다'고 피드백을 했더니, 실제 구술평가에서는 조금 더 용기를 가지고 목소리를 냈다. 하고 싶은 말이 많았던 명욱이는 주어진 시간보다 더 장황하게 내용을 전달했는데, '열심히 준비한 게 느껴지는 답변이지만, 청중을 생각하고 핵심 메시지를 논리적으로 전달하려고 노력해 보자'는 피드백을 했더니, 실전에서는 더욱 호소력이 있는 주장과 근거로 친구들에게 많은 공감을 얻었다.

모둠 구술평가로 분위기가 산만할 거라고 예상했지만, 의외로 다른 모둠의 구술평가를 숨죽이며 긴장감 있게 지켜보는 학생들의 모습이 기특했다. 학생들은 친구들이 질문에 뭐라고 답변하는지 집중하며 들었다. 모둠 평가에서 타인의 생각을 궁금해 하고 친구들의 말하기를 듣고 수정하는 과정을 거치며 학생들은 성장하고 있었다. 다른 사람의 의견을 듣고 자신의 생각을 재구조화하는 일, 자연스럽지만 능동적인 배움이 발현되고 있었다. 사회과에서 구술평가를 한다는 것은 텍스트의 메시지를 '나'와 사회구조 속에서 이해하고 소통하는 것과 더불어 서로의 이야기를 들어 주고 공감해 주는 것이다. 모둠 구술평가 과정에서 학생들은 교사의 피드백, 그리고 친구들과 사유하는 시간을 가지며 성장하는 시간을 보냈다.

8~9차시는 실전으로 구술평가를 진행했다. 모둠은 4인 모둠이 가장 적당했다. 한 모둠 내에서 학생 1명당 3가지 문항에 답변하도록 하는데, 첫 문항에 대해 답변하고 다시 한 명씩 두 번째 문항에 답변하도록 했다. 총 3문항을 답변하면 한 모둠당 질문에 대한 답변이 3번 돌게 된다. 한 문항에 대해 40초(±20초) 정도 답변을 허용했다. 답변 과정에서는 친구들과 눈을 마주치며 소통할 것, 책상이나 준비해 온 글을 그대로 읽지 않을 것을 강조했다. 그리고 평가 도중에 흐름이 끊기지 않도록 교사에게 추가 질문은 금지하고, 모둠 내 구술평가에 더 집중할 수 있도록 안내했다. 구술평가가 끝난 모둠에는 성찰 활동지를 나눠 주고 작성하도록 안내했다. 학생들이 말하는 것과 별개로 생각을 정리하여 글로써 표현하는 것도 필요했고 혹여나 구술평가에서 학생들이 미리 준비한 답변을 다 하지 못했을 경우의 아쉬움을 활동지에라도 작성하여 보완할 수 있게 장치를 마련해 둔 것이다. 말하기를 더 잘하는 학생이 있지만, 글쓰기를 더 잘하는 학생들도 있는 법이다. 마지막 모둠의 구술평가가 끝나면 함께 성찰 활동지도 제출할 것이라고 안내하고,

학생들이 다른 모둠의 구술평가를 귀로 경청하며 활동지 작성에 집중하도록 하여 차분한 평가 분위기를 조성하고자 했다.

구술평가를 진행하는 8~9차시에는 최대한 집중력을 끌어올려 학생들의 답변을 듣는 데 초점을 두었다. 구술하는 과정이 너무 빠르게 진행되기에, 학생들도 교사도 숨죽여 평가를 진행하게 된다. 평가가 끝나고 나서 떨리고 긴장되었던 마음을 표현하고 싶지만, 다음 평가를 기다리며 긴장하는 친구들을 위해 숨죽여 지켜보는 학생들의 배려 또한 돋보이던 시간들이었다. 우리는 그렇게 서로를 배려하고 자라난다.

협력하는 모습이 돋보인 모둠 구술평가

영화를 평가 활용 텍스트로 선정하고 개인별이 아닌 모둠으로 진행한 구술평가는 난이도가 높은 수행평가였다. 무지 상태로 도전했음에도 실제로 구술 모둠 평가를 해 보니 좋은 점이 더 많았다. 첫 번째는 모둠으로 진행하니 구술평가에 미참여 학생들이 적다는 점이다. 모둠 구술평가는 끝나기 전까지 각자의 역할이 존재한다. 모둠원 중 한 사람이 답변할 차례가 되었을 때 다른 모둠원들은 경청하는 것을 시작으로 질문하기, 시간 측정하기 등을 해야 한다. 보통 수행평가에 적극적으로 참여하지 않는 학생들도 다른 친구들의 수행평가 방해를 싫어하기 때문에 모둠으로 평가가 진행될 때는 호의적이며 적극적인 태도로 참여한다. 두 번째는 평가 과정에서 학생들이 서로를 관찰하며 성장할 수 있다는 것이다. 모둠 구술평가가 진행되면 학생들은 숨죽여 답변하는 학생을 지켜봐야 한다. 구술평가에 익숙하지 않은 학생들이라 평가가 진행되기 전 수업 시간을 모둠 내에서 구술을 연습하는 시간으로 할애했다. 실제로 자신과 다른 답변을 하는 친구들, 논리적으로 자신의 생각을 유창하게 전달하는 친구들을 보며 시키지 않아도 자신의 답변을 다듬어 가는 과정이 관찰되었다.

사실 그 어떤 것보다 학생들이 모둠 구술평가를 통해 협력하는 모습이 좋았다. 글쓰기는 혼자만의 사유 시간이라면 모둠 구술평가는 서로의 이야기를 경청해 주는 시간, 서로 다른 생각이라도 의견을 맞대고 해결하려고 노력하는 시간, 서로의 도움을 통해 평가를 무사히 마쳐 내는 시간이다. 그 과정에서 학생들은 멋진 팀워크를 보여 주었다.

학생들과 말하기로 소통하고 싶다는 의지가 새로운 평가에 대한 긴장과 두려움을 상쇄시켰다. 구술로 하는 평가에 익숙하지 않아 걱정되는 마음에 학생들의 동의하에 휴대전화 음성 녹음을 켜 놓기도 했다. 다시 듣지 않는 파일이 되었지만, 평가를 정리하고 기록할 때는 '이때 나도 긴장을 많이 했구나' 하며 슬쩍 미소를 짓기도 했다.

평가를 진행하다 보니 여러 아쉬운 지점도 있었다. 다수의 학생은 몰입도 있게 영화를 보았지만, 영화의 호흡이 긴 나머지, 수업 흐름이 끊겨 집중력을 잃는 학생도 있었다. 주요 장면 위주로 시청하거나 학생들 개별적으로 영화를 보게 한 후 수업 시간에 활동해도 괜찮겠다고 생각했다. 그리고 성찰 활동지를 검토하며 교사가 구상한 질문지보다 훨씬 좋은 질문을 한 학생들도 있었다. '학생들이 만든 질문을 녹여 반영해 볼걸.' 하는 생각도 들었다.

그럼에도 구술평가가 좋았던 이유가 더 많았다. 수행평가는 나름의 평가 이탈자가 생겨나는데 구술평가는 여기서 해방될 수 없다. 특히 모둠 평가라면 더더욱 한 문장이라도 말할 수밖에 없다. 질문을 해 주는 친구들을 위해 본인의 생각을 조금이라도 표현하게 되고, 가장 신선한 자극으로 참여하게 된다. 모둠 구술평가는 경청도 무임승차할 수 없다. 친구들의 이야기를 집중력 있게 듣고 도움을 주어야 한다. 서로의 말하기만큼이나 듣기도 중요하다. 이렇게 다른 친구들의 구술 과정을 온전하게 관찰하며 집중한 경험으로 본인에 대한 객관적인 평가가 가능하고, 생각을 더 논리적으로 표현하기 위해 정리하는 과정은 말하는 방법을 배우는 데 꽤 도움이 된다.

왜 사회과에서 구술평가를 하냐고 동료 선생님이 종종 묻는다. 사회과는 우리가 살아가는 사회의 구조적 맥락을 이해하고 사람들과 소통하는 과목이다. 화법도 중요하지만 우리가 놓치고 있는 것은 무엇인지, 한 사회문제에 대해 사람들의 의견은 어떻게 다른지, 사회에는 얼마나 다양한 가치들이 존재하는지를 이해할 때 사회는 아름답게 성장한다. 구술평가는 학생들이 서로 다른 의견을 경청하고, 다양한 배경지식을 공유하며, 제대로 된 목소리를 낼 수 있도록 도와준다.

수업·평가 활용 자료

「칠드런 오브 맨」(알폰소 쿠아론)

대부분의 국가가 무정부상태로 무너져 내린 가운데, 유일하게 군대가 살아남은 국가 영국에는 불법 이민자들이 넘쳐난다. 믿을 수 없는 기적을 눈앞에서 마주한 '테오'. 그는 '키'가 안전하게 출산할 수 있도록 '인간 프로젝트'를 수행하는데, 그 과정을 다룬 영화이다. 사회과에서 주로 학습되는 내용 요소인 사회변동, 세계화, 정보화, 저출산, 고령화, 전 지구적 수준의 문제 등 다양한 주제를 폭넓게 다루고 있다. 사회·문화 이외에도 정치, 법, 통합사회 등 여러 교과에 적용할 수 있고 사회현상을 사유하기에 적합한 주제의 영화이다.

『시대예보: 핵개인의 시대』(송길영, 교보문고)

이 책은 수십 년 전의 과거부터 산업화의 격변과 도시화의 확장 등 다양한 사회변동을 관찰한 기록을 데이터로 해석한다. 과거, 현재 사회를 구성하는 요소들을 유기적으로 연결하여 미래 사회를 예측하고 인사이트를 배울 수 있다. '핵개인'의 탄생을 사회과에서 배우는 개인과 사회구조, 사회변동, 전 지구적 수준의 문제 등 핵심 아이디어를 바탕으로 판단할 수 있도록 도움을 준다.

『글 읽기와 삶 읽기 2』(조한혜정, 또하나의문화)

일상에서 개인, 사회집단, 사회조직, 우리가 당연하게 생각해 왔던 사회구조를 해체하여 분석하고, 새롭게 구성할 수 있도록 도움을 준다. 다양한 삶의 공간과 시간의 흐름 속에서 변화는 어떤 의미를 지니고 있는지, 그 속에서 자연스럽게 체화되는 식민지성과 권력의 관계를 삶과 연결 지어 파악할 수 있는 좋은 책이다. 학생들에게 어떻게 사회를 알려 줄 수 있는가에 대한 길잡이가 된다.

'익숙한데 새로운' 주제와 만난 구술평가*

[사회]_『초저출산은 왜 생겼을까?』(조영태 외, 김영사)

익숙하지만 새로운 2022 개정 사회과 교육과정과 구술평가

교사에게 새로운 학기를 준비하며 수업과 평가를 디자인하는 과정은 익숙하면서도 새롭다. 그동안 반복하여 가르쳐 왔던 내용을 새 학기 사회과 수업에서는 무엇에 중점을 두고 가르칠지, 수업의 과정으로서 평가를 어떻게 개선할지 고민한다. 과정중심평가가 학교 현장과 교육학계에 주요 담론으로 등장한 지 이미 오래다. 과정중심평가는 수업과 평가의 내실화 방안으로 그 필요성과 중요성이 강조되었다.(임유나,

---

* 이 글은 논문 「사회과 구술평가 실행 방안 탐색: 저출산 현상을 주제로」(김홍탁, 한국사회교과교육학회, 2025)를 재구성한 것이다.

2022) 2015 개정 교육과정에서는 학습의 결과뿐만 아니라 학습의 과정을 평가하여 모든 학생이 교육목표에 성공적으로 도달할 수 있도록 해야 한다는 평가 지침을 제시하고, 학습의 과정 안에서 평가를 다루도록 하였다.(교육부, 2018) 2022 개정 교육과정에서도 '학습 과정에 대한 성찰'을 강조하여 교사와 학생 자신이 학습의 과정을 점검하고 피드백하며 학습과 성장을 지원하도록 하는 과정중심평가의 흐름을 이어 가고 있다.(교육부, 2022b) 수업과 평가를 하나의 과정으로 디자인해야 한다는 점은 교사라면 누구나 아는 것이지만 그것을 실행하는 것은 구체적인 전략이 요구되는 일이다.

교사가 평가 계획을 세울 때 직면하는 어려움 중 하나는 학생들이 배운 것을 어떻게 표현하도록 할지에 대한 답을 찾는 일이다. 또한 교사들은 평가 계획을 세우면서 평가의 타당도·신뢰도·공정성을 담보하기 위해 측정 가능한 수행 과제 개발에 몰두한다. 그 결과 흔히 논리적인 사고를 글로 풀어낸 결과를 평가 대상으로 삼는다. 사회과 수업에서도 대개 학습 결과를 글쓰기로 풀어내도록 한다. 반면에 학교에서는 학생의 구술oracy 능력 함양을 등한시하는 형편인데, 읽기, 쓰기 능력과 더불어 분명하고 자신 있게 말하는 능력, 일명 구술 능력 역시 중요하다.(Ken Robinson, 2015; 정미나 역, 2015, 226)

그동안 사회과 교육과정에서는 민주시민으로서 갖추어야 할 자질을 함양하는 데 요구되는 의사소통 및 비판적 사고력 신장에 중점을 두어 왔다. 2022 개정 사회과 교육과정은 구술평가를 수행평가의 한 방법으로 규정하고 있다. 그러나 사회과에서는 다른 수행평가 방법에 비해 구술평가가 주목받지 못하였다. 지역의 전체 중학교 평가 계획을 학교알리미에서 공시하고 있는 자료를 바탕으로 조사한 결과만 보아도 사회과 수업에서 구술평가를 실행한 사례를 찾아볼 수 없었다. 학교 현장에서는 아직 사회과 수업에서 구술평가가 널리 활용되지 않는 것이다.

새 학기를 맞이하며 구술평가를 활용한 사회과 수업을 구상하였다. 구술평가와 관련된 글을 읽으며 익힌 지식은 구술평가를 이미 실행해 본 사회과 교사들의 경험치에 비해 부족했다. 실천이야말로 가장 좋은 배움의 길이라는 점을 깨닫고는 학교 밖 사회과 전문적 학습공동체 선생님들에게 '구술평가의 A to Z'를 묻고 또 물으며 배웠다. 동료 교사들의 앞선 사회과 구술평가 실행 경험은 처음으로 구술평가를 시도하는 교사에게는 바로미터가 된다. 돌다리도 두드려 보고 지나는 심정으로 실천에 앞서 차근차근 배우는 것이 얼마나 중요한지, 또 직접 실천해 보는 것이 교사의 평가 전문성을 내면화하는 데 얼마나 중요한지 명확히 이해하게 되었다.

2022년 12월 교육부는 새 교육과정을 최종 확정·고시하면서 낸 보도 자료를 통해 '2022 개정 교육과정 개발 연구진의 50% 이상을 현장 교원으로 구성하여 교육과정의 현장 수용성을 제고하였다'고 밝혔다.(교육부, 2022) 실제로 학교 현장의 어떤 목소리가 얼마나 반영되었는가는 개발 작업에 직간접적으로 참여한 주체들의 성찰적 연구가 추후 보고되면 자세히 알 수 있을 것이다. 내가 소속된 제주사회과교육연구회 교사 네 명이 '2022 개정 사회과 교육과정 시안 개발 연구'에서 중학교 사회과 교육과정의 일반사회 영역 시안을 검토하는 작업에 참여했다. 나를 포함한 네 명의 교사들이 영역을 나눠 각자 검토한 뒤 모두 모여 검토 의견을 나누고 의견서를 작성하여 제출하는 방식으로 작업을 진행했다. 당시 나는 사회과의 평가 방법과 관련하여 '구술, 면접, 토론, 논술, 관찰, 활동 보고서, 포트폴리오 등'으로 수정할 것을 주문하며, 다음과 같은 검토 의견을 제시하였다. 내가 제시한 검토 의견 중 2022 개정 사회과 교육과정에 반영된 것으로 추정되는 것이 바로 구술평가에 관한 것이다.*

<원안>	<검토 의견>	<최종안>
지필평가 외에 면접, 토론, 논술, 관찰, 활동 보고서, 포트폴리오 등을 통한 다양한 수행평가를 실시한다.	구술평가를 추가하여 다음과 같이 수정할 것을 제안함. '구술, 면접, 토론, 논술, 관찰, 활동 보고서, 포트폴리오 등' 최근 국어과에서 활발하게 수행되고 있는 구술평가는 점차 다른 교과로 확산되고 있는 추세임. 사회과에서도 구술평가가 확산될 것으로 예상함.	지필평가 외에 구술, 면접, 토론, 논술, 관찰, 활동 보고서, 포트폴리오 등을 통한 다양한 수행평가를 실시한다.

▲ 2022 개정 사회과 교육과정 '검토 의견' 중 구술평가 관련 내용

* 2022 개정 사회과 교육과정 문서에서 평가 방법으로서 구술이 추가된 것이 현장 교사의 검토 의견을 반영한 결과인지에 대한 인과관계는 현재로서는 명확히 알 수 없다. 검토 의견을 제출한 뒤로 개발 연구팀으로부터 아무런 피드백이 없어서 우리의 의견이 어떻게 반영되었는지는 고시된 교육과정 문서를 통해 확인하는 수밖에 없었다. 한편, 구술평가는 면접, 발표 등을 아우르는 것이기 때문에 사회과 교육과정 문서에 평가 방법을 진술할 때, '구술'과 '면접'을 병기하지 않고, 구술이라는 평가 방법으로 통칭하는 것이 개념의 혼란을 줄일 수 있는 것이 아닐까 생각한다.

위의 〈원안〉은 2015 개정 중학교 사회과 교육과정 문서상 진술문 그대로다. 2015 개정 중학교 사회과 교육과정에서는 '4.교수·학습 및 평가의 방향' - '나.평가 방향' - '3)평가의 방법'에서 '지필평가 외에 면접, 토론, 논술, 관찰, 활동 보고서, 포트폴리오 등을 통한 다양한 평가가 이루어질 수 있도록 한다.'고 진술되어 있다.(교육부, 2018) 최종 고시된 2022 개정 중학교 사회과 교육과정에서는 위의 〈최종안〉의 내용처럼 평가 방법으로서 구술평가가 명시되어 있다. 다시 말해 2022 개정 중학교 사회과 교육과정에서는 '3.교수·학습 및 평가' - '나.평가' - '(2)평가 방법'에서 '지필평가 외에 구술, 면접, 토론, 논술, 관찰, 활동 보고서, 포트폴리오 등을 통한 다양한 수행평가를 실시한다.'고 진술되어 있다.(교육부, 2022) 이는 2015 개정 중학교 사회과 교육과정에 비해 평가 방법 관련 내용에 있어서 진전된 변화로 볼 수 있다.

2015 개정 중학교 사회과 교육과정에도 '구술'이라는 용어는 두 차례 등장한다. 하나는 '시장경제와 가격' 영역에서 '평가 방법 및 유의 사항'으로 '모의 시장 활동을 평가할 경우 활동 전 과정에서 학생들의 수행 정도를 관찰하여 평가하거나 구술시험을 실시하여 경제 개념에 대한 이해 정도 및 의사소통능력 등을 평가할 수 있다.'고 되어 있다. 또 다른 하나는 '국민경제와 국제 거래' 영역의 '평가 방법 및 유의 사항'으로 '구술시험을 통해 환율이 결정되는 과정에 대한 이해 정도 및 의사소통 능력 등을 평가할 수 있다.'고 되어 있다. 공통적으로 경제 영역의 '평가 방법 및 유의 사항'에 '구술'이라는 용어가 언급되었다.

평가 방법을 나열하는 중학교 사회과 교육과정 문서상에 구술평가가 포함된 것은 고무적인 일이다. 국가 수준 교육과정에서 특정 평가 방법을 진술하고 있는지의 여부와 상관없이 교사 수준 교육과정에서 수행평가로서 구술평가를 실행하는 것은 얼마든지 가능하다. 그러나 국가 수준 교육과정에서 시도하는 작은 변화는 현장 교사들의 의미 있는 실천을 더욱 지원하고 촉진한다. 이런 점에서 개정된 새 교육과정 문서에 평가 방법으로서 구술평가가 진술된 것은 긍정적이다.

주제 선정부터 피드백까지 차근차근 준비하기

중학교 1학년 6개 학급 학생들을 대상으로 다음과 같은 차시로 구성된 사회과 수업의 한 과정으로 구술평가를 실행하였다. 이 수업은 2015 개정 사회과 교육과정에 따른 중학교 사회 과목의 '사회변동과 사회문제' 단원에서 저출산 현상을 주제로 구술평가를 진행한 것이다. 해당 성취기준은 다음과 같다.

[9사(일사)12-02] 한국 사회변동의 최근 경향을 이해하고, 이에 대한 대응 방안을 탐구한다.

차시	활동	내용
1	내가 알고 있는 저출산 현상	내가 알고 있는 저출산 현상의 의미·원인·대응을 정리하기, 저출산 현상은 사회문제인지 논의하기

2	텍스트 읽기	진화학자·동물학자·행복심리학자·역사학자의 관점에서 본 저출산 현상을 요약하며 중심 내용 파악하기
3	구술평가 사전 연습하기	스스로 문답하며 구술 연습하기, 짝꿍과 마주하여 질문하고 답하며 구술 연습하기
4-5	구술평가하기	교사와 마주하여 1:1 문답형 구술하기

▲ 중학교 1학년 사회과 수업의 구술평가 차시 구성

저출산 현상을 주제로 구술평가한 중학교 1학년 수업 사례를 바탕으로 사회과 구술평가 실행의 단계를 정리하면 다음과 같다.

수업과 평가 디자인하기	수업과 평가 실행하기
① 주제 선정하기 ② 텍스트 선정하기 ③ 질문 만들기 ④ 채점 기준 만들기	⑤ 텍스트 읽기 ⑥ 구술평가 사전 연습하기 ⑦ 구술평가 진행하기 ⑧ 피드백 제공하기

▲ 사회과 구술평가 단계

기존 수업의 성찰에서 비롯된 주제 선정

현대사회에는 수많은 사회문제가 존재한다. 빠른 사회변동으로 새로운 사회문제가 대두되고, 그 해결이 요원한 경우가 많다. 이러한 사회문제는 우리의 일상생활에 많은 영향을 미친다. 사회과의 목표는 사회문제를 해결할 수 있는 능력을 기르는 데 있다. 2022 개정 사회과 교육과정에 따르면 사회과의 목표는 '현대사회의 문제를 창의적, 합리적으로 해결하는 데 적극적으로 참여하는 능력과 태도를 기르는 것을 목표로 한다. 이를 통해 사회과는 개인의 성장은 물론, 지역사회·국가·세계의 발전에 기여할 수 있는 책임 있는 시민을 기른다'고 되어 있다.

이와 같이 사회과교육은 인간이 직면하는 다양한 사회문제를 내용으로 다루면서, 사회문제의 합리적인 해결에 초점을 둔다. 사회문제를 다루는 사회과교육을 통해 학생들은 사회현상을 이해하고, 사회가 당면한 문제와 자기 삶의 경험을 연결할 수 있다. 또한 사회문제에 관심과 책임감을 갖고 문제 해결을 위한 방안을 탐구하며 참여 의식을 고양할 수 있다.

한국 사회에서 반드시 해결해야 할 심각한 사회문제이면서, 사회과교육의 중요한 내용으로 자리매김한 '저출산'을 구술평가 주제로 선정했다.

사회과에서 저출산은 한국의 사회 변화 또는 인구문제의 맥락에서 다루어져 왔다. 저출산低出産은 사회 전체적으로 아이를 적게 낳아 출산율이 감소하는 것을 뜻한다. 구체적으로는 합계출산율이 인구 대체 가능한 수준인 2.1명 미만인 경우를 가리킨다. 2024년 2월 통계청이 발표한 '2023년 출생 통계'에 따르면 4분기 한국의 합계출산율은 0.65명이다. 이는 2015년 1.24명을 정점으로 8년째 하락세를 보이는 것이다.(연합뉴스, 2024a) 한국의 저출산 현상은 전 세계적으로 비슷한 사례를 찾기 어려울 정도로 심각한 수준이다. 한국은 2022년 기준으로 경제협력개발기구OECD 38개 회원국 중 합계출산율이 최하위로, 합계출산율이 1명 이하인 유일한 회원국이다.(연합뉴스, 2024b)

한국 정부는 저출산의 심각성을 인지하고 이에 대응하기 위한 인구정책을 마련해 왔다. 대표적으로, '제1차 저출산·고령사회 기본계획(2006-2010)'과 '제2차 저출산·고령사회 기본계획(2011-2015)'에 이어 '제3차 저출산·고령사회 기본계획(2016-2020)'을 시행하였으며, 현재는 '제4차 저출산·고령사회 기본계획(2021-2025)'을 추진하고 있다. 2006년부터 지금까지 네 차례에 걸쳐 저출산 문제 해결을 위해 막대한 예산을 투입한 인구정책은 실효성 문제가 제기되며 비판받고 있다.

저출산을 어떻게 이해할 것인지에 대해서는 크게 인구 안정화population stabilization와 인구 균형population balance의 관점으로 구분된다. 정문성·백선영(2019)은 인구학자 Lutz·Sanderson·Scherbov(2004)의 논의를 기반으로 저출산에 대한 관점을 정리하였다. 먼저 인구 안정화는 인구를 적정한 규모로 안정시켜야 한다는 개념으로, 적정한 규모 이상 또는 이하의 인구변화가 사회에 부정적 영향을 줄 수 있다는 관점이다. 이 관점은 저출산을 문제problem로 간주한다.

이에 반해 인구 균형은 사회 구성원 개개인의 더 나은 삶의 질에 초점을 둔 개념으로, 인구 규모 이외에 건강, 환경 등의 요소를 종합적으로 고려해 인구 규모가 사회에 미치는 영향이 다른 요소들에 의해 상쇄될 수 있다는 관점이다. 이 관점은 저출산을 문젯거리가 아닌 현상으로 간주한다. 인구 균형의 관점은 인구 안정화 관점과 달리 출산율을 제고하기 위한 노력보다는 인구변화의 사회적 영향을 최소화할 수 있는 방향으로 대응할 필요가 있음을 강조한다(정문성·백선영, 2019: 133).

저출산을 주제로 한 사회과교육의 선행 연구에서는 저출산 현상을 오로지 부정적인 측면에서만 바라봐야 할 것인지 재고가 필요하다고 공통으로 지적한다(박윤경, 2013; 양병일, 2016; 양병일, 2024; 유종열, 2016; 정문성 외, 2019; 정문성·백선영, 2019; 장휘창·김재춘, 2023; 한동균, 2022). 이는 사회과 교육에서 인구 안정화보다는 인구 균형의 관점에서 저출산을 다룰 것을 주문한 것으로 볼 수 있다.

사회과는 '사회현상을 종합적으로 이해하고 관련 문제나 쟁점을 창의적으로 해결하는 시민의 자질 함양'을 목표로 한다. 따라서 사회 교과는 사회현상과 사회문제를 종합적으로 이해하고 탐구할 수 있는 내용으로 구성되어 있다. 사회현상 및 사회문제는 사회과 수업 과정 중에 실행하는 수행평가인 구술평가 주제로 적합하다. 그중에서 중학교 1학년 사회과 구술평가를 위한 주제로 익숙하면서도 새로운 것을 찾았다. 익숙한 주제라면 학생들도 이미 어느 정도의 지식이 있어 관련 내용을 쉽게 이해할 수 있기 때문에 주제에 어렵지 않게 다가갈 수 있다. 익숙하면서도 '새로운 것'이란 기존에 학생들이 배워 이미 알고 있는 익숙한 내용과 차별화된 혹은 더 진전된 접근으로 학습하여 더 깊이 있게 주제를 이해한다는 뜻이다.

저출산 현상은 학생들이 초등학교 때부터 학습한 경험이 있기에 생소하지 않은 주제이다. 학생들은 초·중·고등학교에서 저출산 현상을 반복적으로 학습한다. 다시 말해, 저출산 현상은 교육과정의 계열성에 따라 학교급을 달리하며 학생들이 반복적으로 학습하는 주제이다. 미디어 등을 통해 익히 접하는 주제이기도 하다.

중학교 사회과 수업에서 저출산 현상을 오랫동안 가르쳐 본 경험상 이 주제는 중요성에 비해 진부하게 인식되는 면이 있다. 저출산 현상을 주제로 한 수업에서는 주로 저출산 현상의 의미, 원인, 영향 및 문제점, 대응 및 해결책을 다루는 편이다. 저출산 현상뿐만 아니라 사회문제를 다루는 사회과 교과서의 서술 구조도 대개 유사하다. 사회문제의 원인과 영향 및 문제점, 이를 해결하기 위한 대응 방안을 담은 내용이 기본적으로 교과서에 서술된다. 사회문제를 가르치는 수업에서도 크게 문제의 원인이 무엇인지, 그로 인한 영향 및 문제점은 무엇인지, 이를 해결하기 위한 대책은 무엇인지 논의하는 경향이 강하다.

또한 저출산 현상은 여느 사회문제와 마찬가지로 쉽게 해결하기 어려운 성질의 것인데 대응 방안을 논의하는 것이 뜬구름 잡는 것과 같아, 저출산 현상을 다루는 수업은 허공에 울림 없는 메아리를 치는 것 같다는 생각이 든다. 어떻게 보면 저출산 현상은 사회과 교사로서 효능감을 찾기 어려운 주제일 수도 있다. 저출산 현상을 구술평가 주제로 선정한 것은 그동안 이 주제를 진부하게 가르쳐 온 수업 관행을 성찰한 데서 비롯되었다. 또한 열네 살 중학교 1학년의 언어를 통해 그들이 저출산 현상에 대해 생각하는 바를 알고 싶었다. 중요한 사회현상에 대해서 무엇을 알고 있는지, 어떻게 생각하고 있는지 궁금했다. 저출산 현상을 인구 안정화의 관점에 따라 사회문제로 인식하고 있는지, 아니면 인구 균형의 관점에서 문제가 아닌 현상으로 인식하고 있는지도 궁금했다. 게다가 저출산 현상은 다양한 관점으로 접근해야 종합적으로 이해할 수 있는 사회현상의 대표적 사례이다. 이 주제를 구술평가로 진행한다면 저출산 현상의 원인에 대해 학생들이 다양한 관점에서 이해한 바를 자신의 언어로 어떻게 설명하는지 관찰할 수 있다. 이런 점들을 확인하기 위해 문답형 구술평가를 준비했다. 문답형 구술평가는 교사와 학생 일대일로 하거나 모둠 안 학생들 사이에서 질문하고 응답하는 식으로 할 수 있다. 나는 교사와 학생이 일대일로 대면하여 교사가 질문하고 학생이 응답하는 식을 선택했다.

다양한 연구자의 시선을 담은 텍스트 선정

사회과 교사는 수업에서 종종 학생들과 함께 읽을 교과서 이외의 자료를 제작한다. 여타 사회과 수업에 비해 구술평가를 하는 수업에서는 텍스트 선정이 무척 중요하다. 흔히 '읽기 자료'라는 것을 제작하기 위해서는 사회과 수업 주제에 적합한 텍스트를 선정하는 교사의 선구안과 신중함이 필요하다. 주제에 관한 기본적인 아이디어와 문제를 제기하는 텍스트 중에서 학생의 수준에 맞으면서도 그들의 좋은 호응을 얻는 텍스트를 선정해야 한다.

저출산 현상을 주제로 한 구술평가를 위해 『초저출산은 왜 생겼을까?』를 텍스트로 선정했다. 2019년 『아이가 사라지는 세상』(조영태 외, 김영사)이라는 이름으로 출간된 도서는 2024년에 이름을 바꿔 재출간되었다. 이 책은 인구학자, 진화학자, 동물학자, 행복심리학자, 임상심리학자, 빅데이터 전문가, 역사학자가 각 학문 분야의 시선으로 저출산 현상을 조망한 내용을 담고 있다. 저출산 현상의 근본 원인을 인간의 생물학적 본성과 심리적 기제 등 다방면에서 고찰하고, 저출산 현상에 대응한 다른 나라들의 역사적 사례와 사회 시스템 변화 사례를 소개하고 있어 흥미롭다.

이 책에서 인구학자, 진화학자, 동물학자, 행복심리학자, 역사학자의 글 일부를 발췌하여 읽기 자료를 제작하였다. 인구학자의 글은 뒤이어 제시되는 여러 학자들의 시선을 개괄하는 성격의 글로 짤막하게 구성하였다. 그의 글은 저출산 현상을 다양한 관점에서 바라보는 것이 근본적 원인을 이해하는 데 도움이 된다는 내용을 담고 있다. 진화학자의 글은 한국의 저출산 현상을 정책 실패의 결과이기도 하지만 더 근본적으로는 진화의 결과로 본다. 저출산을 병리적 현상이 아니라 환경과의 상호작용 결과 인간이 선택한 생애사 전략이자 하나의 적응적 현상으로 본다는 점에서 새롭다. 또한 '출산 의욕을 감소시키는 경쟁에 대한 심리적 밀도를 줄여야 한다.'고 주장한다. 동물학자는 '지금은 사회문화적, 경제적 요인에 가려져 있는 생물학적 요인이 저출산의 주요한 원인으로 대두될 수 있다'는 점을 주장한다. 성장기 학생들이 딸기우유, 초코우유, 햄버거, 라면, 탕후루 등을 과도하게 먹는 것과 저출산의 원인을 연결함으로써 학생들은 저출산 현상에 대한 생물학적 접근을 더 쉽게 이해할 수 있다. 행복심리학자의 글은 '긍정 정서를 경험하게 만드는 모든 자극, 상황, 기억, 혹은 미래 기대의 총합'으로서 행복감과 저출산의 관계에 주목한다. 행복감과 출산율의 연관성을 다룬 여러 연구 결과가 소개되어 있어 저출산 현상에 영향을 미치는 하나의 요인으로서 행복이란 무엇인가에 대해 생각해 볼 수 있다. 역사학자의 글은 한국보다 앞서 저출산 현상에 직면하여 '새로운 문화와 제도로 대응한 역사적 사례'를 다룬다. 인구 감소에 대응한 적극적 이민 수용 문제와 프랑스의 동거cohabitation 혹은 concubinage 제도, 유럽 국가들의 사회안전망 구축 등이 사례로 소개되어 있다.

이렇게 구성된 텍스트는 각기 다른 학문에 바탕한 연구자들의 시선을 담고 있다. 또한 저출산 현상을 병리적 관점에서만 보는 편협함으로부터 벗어나 있다. 이러한 읽기 자료를 활용하여 구술평가를 진행하면 저출산 현상을 새로운 시각으로 통찰하는 데 도움이 될 것이다. 게다가 저출산 현상에 관한 사회과 교과서 서술의 한계도 극복할 수 있다는 점에서 의의가 있다.

그러나 중학교 1학년 학생들이 초등학교에서 배운 사회 교과서에는 저출산 현상이 부정적으로 서술되는 경우가 있다. 한 연구 결과에 따르면, 많은 초등학교 사회 교과서가 저출산 현상을 인구 안정화 관점에서 부정적으로 서술하고 있다. 중학교 사회 교과서에도 저출산을 '해결해야 할 문제'라고 규정되어 있는데, 저출산 현상을 부정적인 시각으로만 서술하고 있다는 점이 문제이다.

구술평가 수업 첫 차시의 '내가 알고 있는 저출산 현상'을 주제로 하는 활동에서 저출산 현상을 사회문제로 보아야 하는지에 대한 질문에 1학년 전체 학생 중 딱 한 명만 '아니다'라고 답했다. 그 학생은 전 지구적으로 볼 때 인구수가 증가하는 것은 지구온난화, 쓰레기 문제 등을 유발하므로 인구 감소가 꼭 문제는 아니라고 답했다. 이 학생은 교사가 배부한 학습지에 쓰인 '저출산'이라는 단어를 모두 '저출생'으로 수정하여 놓았다. 수업이 끝나고 학습지를 회수한 뒤 학생에게 용어를 수정하여 기입한 이유를 물었다. 학생은 저출산이라는 용어보다 저출생이라는 말이 더 적절하다는 취지로 답을 했다. 학생의 답변처럼 실제로도 저출산이라는 용어의 한계를 지적하고 저출생이라는 용어로 대체하여 사용할 것을 주장하는 목소리가 크다. 저출산이라는 용어가 인구 감소 문제의 책임을 여성에게 돌리면서 저출생의 근본적 원인으로 지적되는 맥락을 무시하고 외면한다는 것이다. 다시 말해 아이를 적게 낳는 여성에게 인구 감소 문제 책임의 무게를 두는 저출산 용어보다는 가치중립적인 '저출생' 용어를 사용해야 한다는 것이다. '저출산' 현상에 관한 사회과 교과서의 용어 선택과 균형 있는 서술을 어떻게 할 것인지에 관해서는 앞으로 더 많은 논의가 필요해 보인다.

질문 만들기와 채점 기준 만들기

사회과에서 질문은 수업의 생명력을 살리는 촉매이다. 따라서 학생에게 어떤 질문을 할지 교사는 늘 고민한다. 저출산 현상을 주제로 한 일대일 문답형 구술평가에서 무엇을 질문할 것인가? 질문을 선정하는 작업은 구술평가를 위한 텍스트를 제작하는 과정과 맞물려 진행된다. 텍스트로 선정한 책의 글을 발췌하여 재구성하는 과정에서 구술평가에 제기할 질문도 선정할 수 있다. 예를 들면, 진화학자와 동물학자, 그리고 행복심리학자의 텍스트는 저출산 현상의 원인을 다양한 관점에서 접근한 것이므로 이 텍스트와 관련하여 이렇게 질문을 선정한다. '텍스트를 읽고, 세 가지 관점에서 저출산 현상의 원인을 진단하여 설명하세요.'

저출산 현상에 대응한 다른 시대 다른 사회의 사례를 다룬 역사학자의 텍스트와 관련해서는 다음의 두 가지 질문을 선정했다. 하나는 '텍스트를 읽고, 저출산 현상에 대응한 국가들의 다양한 사례를 설명하세요.'이고, 다른 하나는 '저출산 현상에 대응한 국가들의 사례들을 한국에 적용할 때 나타날 수 있는 다양한 양상을 근거를 들어 설명하세요.'이다. 실제 구술평가에서는 나열한 세 가지 질문 이외에 학생의 답을 들으며 추가 질문을 한다.

구술평가를 처음 시도하는 교사에게는 평가 계획을 세울 때 막막함이 앞선다. 구술평가에 맞는 채점 기준 설정의 경험이 없고, 이전에 수없이 세워 본 서·논술형평가 계획과 뭔가 다르게 해야 할 것 같은 부담도 든다. 다음은 중학교 1학년 사회 과목의 구술평가 평가 요소 및 채점 기준을 정리한 것이다. 채점 기준은 각 평가 요소에 대해 학생이 수행할 것으로 기대하는 내용을 높은 수준부터 낮은 수준까지 기술한 것이다.

평가 요소	채점 기준(수행 수준)
다양한 관점으로 저출산 현상의 원인 파악하기 (30점)	텍스트를 읽고, 세 가지 관점에서 현상의 원인을 다양하게 진단하여 각각 구체적으로 설명함.
	텍스트를 읽고, 현상의 원인을 두 가지 관점에서 다양하게 진단하여 각각 구체적으로 설명함.
	텍스트를 읽고, 현상의 원인을 한 가지 관점에서 진단하여 구체적으로 설명함.
	텍스트를 읽고, 현상의 원인을 설명하지 못함.
저출산 현상 해결의 다양한 접근법 분석하기 (30점)	텍스트를 읽고, 현상의 문제 해결 방안을 다양한 국가의 실제 사례를 분석하여 설명함.
	텍스트를 읽고, 현상의 문제 해결 방안을 실제 국가 사례로 설명하였으나 그 내용이 피상적이고 구체성이 부족함.
	텍스트를 읽고, 현상의 문제 해결 방안을 설명하였으나 실제 국가에서 실행되고 있는 사례에 부합하지 않음.
	텍스트를 읽고, 현상의 해결 방안을 설명하지 못함.
저출산 현상 해결 양상 설명하기 (40점)	텍스트에 나타난 현상을 해결하기 위한 다른 나라의 실제 사례를 한국에 적용할 때 나타날 수 있는 다양한 양상을 근거를 들어 유창하게 설명함.
	텍스트에 나타난 현상을 해결하기 위한 다른 나라의 실제 사례를 한국에 적용할 때 나타날 수 있는 다양한 양상을 유창하게 설명하였으나 근거를 제시하는 데 미흡함.
	텍스트에 나타난 현상을 해결하기 위한 다른 나라의 실제 사례를 한국에 적용할 때 나타날 수 있는 양상을 설명하였으나 그 내용이 명확하지 않고 근거를 제시하는 데 미흡함.
	텍스트에 나타난 현상을 해결하기 위한 다른 나라의 실제 사례를 한국에 적용할 때 나타날 수 있는 양상과 그 근거를 제시하지 못함.

▲ 저출산 현상을 주제로 한 구술평가 평가 요소 및 채점 기준

구술평가 계획의 평가 요소는 다양한 관점으로 저출산 현상의 원인 파악하기(30점), 저출산 현상 해결의 다양한 접근법 분석하기(30점), 저출산 현상 해결 양상 설명하기(40점) 등 세 가지로 구성하였다. 마지막 평가 요소는 확산적 사고를 통한 말하기를 기대한 것으로, 가장 큰 점수를 배정하였다.

국내외 구술평가 실행 사례를 정리한 연구에 의하면, 구술평가 계획의 평가 요소는 크게 구술의 내용과 전달력, 그리고 태도 등 세 가지로 구분된다. 국내외의 구술평가 실행 사례에서는 공통으로 내용에 관한 평가 요소를 넣는 편이다. 전달력과 관련된 평가 요소에 대해서는 한국의 경우 외국 사례에 비해 더 고민하면서 받아들이는 편이다. 그러나 한국의 경우, 구술의 적극성이나 열정과 같은 태도와 관련된 요소를 외국 사례에 비해 평가 계획에 넣지 않는 것이 일반적이다. 정리하면, 구술평가의 채점 기준을 만드는 과정에서 교사는 구술을 통해 확인하고자 하는 것을 '내용, 전달력, 태도' 등 세 가지로 구분할 수 있고, 세 가지 요소를 평가 계획에 넣는 것은 국내외 사례에서 차이가 있다. 구술평가에서는 학생의 사고를 말로 전달한 내용과 함께 자신의 생각과 의견을 상대에게 유창하게 전달하는 능력과 그 태도까지 모두 중요한 평가 요소가 될 수 있다. 결국 구술평가를 실행하는 교사가 무엇에 더 초점을 둘 것인지 결정해야 한다.

여느 수행평가 방법과 마찬가지로 구술평가의 평가 요소와 채점 기준도 단순하고 명확한 것을 추천한다. 특히 구술평가의 경우 교사가 학생과 상호작용하며 학생의 답변을 채점 기준에 비춰 판단해야 하므로 되도록 평가 요소와 채점 기준을 명확하되 너무 세밀하기보다는 직관적이면서 단순하게 만들 필요가 있다.

사회 텍스트의 핵심을 포착하며 읽기

앞서 구술평가 디자인 단계에서 텍스트 선정이 특히 중요하다는 점을 강조했다. 교사가 제작한 읽기 자료를 학생들이 잘 읽어 내야 구술평가하는 데 무리가 없다. 구술평가를 실시하기 전, 텍스트 읽기 시간이 중요한 이유다. 읽기 자료의 분량이 많은 편이라면 교사는 제한된 수업 시간 내에 학생들이 어떻게 텍스트를 읽어 내도록 할지 사전에 전략을 세워야 한다.

텍스트의 분량 못지않게 난도難度도 학생들의 읽기에 어려움을 유발하는 요인이 된다. 교사가 새롭게 제작한 텍스트 못지않게 중학교 사회 교과서의 난도가 높아 이독성readability에 어려움이 있다는 점은 여러 연구 결과에서도 밝혀졌다. 사회 교과서든 읽기 자료든 난도가 높은 텍스트를 학생들이 사회과 수업에서 잘 읽고 이해할 수 있도록 교사가 어떻게 도울지를 늘 고민해야 한다.

저출산 현상을 주제로 한 텍스트를 읽는 활동은 한 차시로 진행하였다. 인구학자, 진화학자, 동물학자, 행복심리학자, 역사학자의 글이 차례로 제시된 텍스트를 몇몇 학생들이 돌아가며 소리 내어 읽는다. 한 학생이 소리 내어 읽는 속도에 맞춰 학급 전체가 텍스트를 읽는 것이 각자 조용히 자기 속도로 읽는 것보다 집중하여 읽기 좋았다. 텍스트 읽기는 총 두 차례 한다. 한 차례 읽기를 마치고, 다시 한 번 숨을 크게 쉬고 나서 또 읽는다. 읽기 흐름에 방해가 되지 않는 선에서 중간중간 학생들에게 어려운 어휘의 뜻을 풀이하여 설명한다. 예를 들면, '작금昨

今', '지각知覺', '대사代謝', '병리病理' 같은 단어들이다.

그럼 사회과 수업에서 학생들이 난도가 있는 텍스트를 읽고 이해하도록 교사는 어떻게 도울까? 사회과를 비롯하여 사회과학류의 텍스트를 읽고 요약하는 활동이 포함된 수업을 구상하고 있는 동료 교사와 협업하여, 텍스트를 잘 읽을 수 있는 방법에 대해 학생들에게 공통적으로 안내할 필요가 있다. 대표적으로 교육과정상 '읽기' 영역을 설정하고 있는 국어과와 협업하여 수업을 진행해도 좋다. 2015 개정 중학교 국어과 교육과정에서는 학습 요소 '요약하기(글의 목적과 특성)'를 제시하고 있다. 2022 개정 중학교 국어과 교육과정에서도 요약하여 읽기에 관한 성취기준과 성취기준 적용 시 고려 사항을 제시한다. 이 중 고려 사항의 일부 내용을 옮기면 다음과 같다. '중심 내용을 요약할 수 있도록 한다. …(중략)… 해당 성취기준은 타 교과 학습을 위한 교과서 읽기, 학습 자료 읽기 등의 상황과 연계하여 지도할 수 있다.' 이와 같이 사회과 구술평가의 텍스트 읽기 단계에서 학생이 '텍스트의 의미를 능동적으로 구성하는' 읽기를 수행할 수 있도록 국어과와 연계할 필요가 있다.

나 또한 구술평가 실행 시 국어과와 협업하였다. 사회과 수업에서 텍스트 읽기 단계를 실행하기 직전에 국어과 수업에서 '요약하여 읽기'를 다루었다. 국어과의 읽기 수업에서 학생들이 하는 것과 같이, 사회과의 텍스트 읽기 수업에서는 학생들에게 저출산 현상을 주제로 한 텍스트에서 키워드가 무엇인지 찾아 동그라미 표시를 하고, 중심 내용에 밑줄을 긋도록 하였다. 그리고 중심 내용이 무엇인지 설명하며 '글 전체를 아우르며 글 전체에서 가장 중요하고 핵심이 되는 정보'라고 알려 주었다. 이는 국어과 교사용 지도서에 기술된 문장이다. 덧붙여 1학년 학생들이 국어과 수업에서 요약하며 읽기를 배우는 것처럼, 사회과 수업에서도 저출산 현상을 주제로 한 텍스트를 읽어 보라고 안내하였다. 국어과 수업에서 키워드와 중심 내용 찾는 글 읽기를 하고 있다 보니, 사회 수업에서도 교사의 안내가 무슨 의미인지 학생들은 이해한 듯 고개를 끄덕였다.

만약 학생이 읽기 자료를 오독誤讀할 경우, 구술평가에서 교사가 예상하지 못한 엉뚱한 답을 할 수 있다. 학생들이 글을 읽는 방법을 이해하고, 글의 중심 내용을 정확하게 파악해야 글쓴이가 글에서 주장하고자 하는 바가 무엇인지를 알 수 있다. 이러한 텍스트 읽기 활동을 사회과 수업에서 구현할 수 있도록 교사가 먼저 어떻게 텍스트를 읽을지에 대한 질문을 늘 품어야 한다.

평가의 불안감을 낮추는 사전 연습

현재 대부분의 학교에서 구술평가는 교사뿐만 아니라 학생에게도 생소하다. 구술평가 경험이 전무한 교사는 평가를 처음 구상할 때 마음속에 불안감이 가득할 수 있다. 애써 준비했는데 정작 학생들이 아무 말도 못하면 어떻게 할까 하는 생각이 많이 들기 때문이다. 학생들에게도 구술평가는 부담스러울 수 있다. 교사와 가까이 얼굴을 마주하고 앉아 시선을 교차하며 말하는 것에 불안을 호소하는 학생이 더러 있다.

이러한 불안을 해소하기 위해서라도 평가 실시 이전에 구술평가 방법에 대해서 학생들이 배우고 연습하는 시간을 확보하는 것이 중요하다.

구술평가 바로 직전 한 시간 동안 평가를 대비한 사전 연습 시간을 부여했다. 이 시간에 먼저 교사는 구술평가 채점 기준과 핵심 질문 3가지를 공개한다. 이어서 사전 연습 활동 시 유의점 네 가지를 화면에 띄워 안내한다. 유의점은 다음과 같다. 첫째, 이전 수업에서 읽은 텍스트의 내용을 이해하여 3가지 질문에 대한 답을 각자 핵심어와 중심 내용 위주로 정리한다. 둘째, 한 질문당 40~80초 정도 답을 구술하는 연습을 각자 한다. 셋째, 의자를 옆으로 돌려 짝꿍과 눈을 마주 보며 한 명이 질문하고, 다른 한 명이 답을 구술하는 연습을 돌아가며 한다. 넷째, 짝꿍의 구술을 경청한 뒤, 잘한 점과 보완할 점을 이야기한다.

이에 더해 교사는 학생들이 질문에 어떻게 답해야 자신의 사고력을 논리적으로 발휘할 수 있는지를 안내한다. 예를 들면, 주장하고자 하는 바를 진술하고, 읽기 자료를 참고하여 주장을 뒷받침할 근거를 제시하며, 이와 관련하여 자신의 경험과 연결하는 식으로 말하는 것이다. 교사는 학생의 구술을 개선할 수 있는 크고 작은 아이디어를 제시하면서 자연스럽게 학생들의 말하기 불안감을 누그러뜨릴 수 있다.

구술평가 사전 연습 시간으로 한 차시를 설정했기 때문에 질문 3가지에 대한 답을 서·논술형 평가하듯이 학습지에 완벽하게 정리하는 것은 무리이다. 대신에 학생들은 이전 수업에서 텍스트를 읽으며 키워드에 동그라미 표시를 하고, 중심 내용에 밑줄 그은 것을 참고하여 3개의 질문에 키워드와 중심 내용을 바탕으로 학습지에 메모한다. 다시 말해, 예상되는 질문의 답안을 대본 형식으로 작성하는 것이 아니라 핵심적인 주제어 중심으로 자신의 생각과 의견의 얼개를 메모하는 것이다. 이어서 학생들은 스스로 질문하고 답하는 연습을 한다. 그다음에 짝꿍과 교사와 학생의 역할을 번갈아 가며 문답형 구술평가를 연습한다. 이때 짝꿍의 구술을 듣고 이미 공개된 채점 기준을 참고하여 피드백을 주고받으면 학생 상호 간에 도움이 된다.

구술평가 사전 연습하기 활동에서는 텍스트의 어휘 뜻을 묻고 풀이하는 학생, 텍스트 파악이 미흡하여 저출산 현상을 바라보는 다양한 관점의 차별점을 물어보는 학생, 목소리가 작은 상대의 말을 더 잘 듣기 위해 앉아 있던 의자에서 몸을 살짝 일으켜 상체를 앞자리 쪽으로 기울이는 학생들을 관찰할 수 있다. 이 시간에 학생들은 친구의 구술을 경청하고, 피드백하는 경험을 한다. 친구의 말을 경청하는 것은 말하는 이의 긴장감을 낮춰 주는 중요한 기제가 된다. 이때 학생들은 궁금한 것을 교사에게 많이 묻기도 한다. 구술평가 직전 사전 연습하기 활동은 학생도 바쁘고 교사도 분주한 시간이다. 특히 교사는 사전 연습 활동을 관찰하며 아직 구술에 자신이 없어 보이는 학생에게 더 관심을 기울여 조심스레 독려한다.

일대일로 대면하여 구술평가 진행하기

긴 복도의 교실 벽면 측 한편에 책상과 의자를 각각 2개씩 놓는다. 수업 시작을 알리는 종이 울리고 교사가 앉아 있는 맞은편에 학생 한 명이 앉는다. 교사와 일대일로 가까이 대면하여 자리하는 것이 어색한지 학생은 재빠르게 "1학년 ○반 △번 ☆☆☆입니다."라는 인사말을 건넨다. 이 인사말은 구술평가의 시작을 알리는 것으로, 구술평가 사전 연습 시간에 공지한 규칙 중 하나이다.

교사는 구술평가의 긴장감을 낮추기 위해 허용적인 분위기를 형성할 수 있도록 노력하며, 첫 질문을 시작한다. "우리가 읽은 텍스트를 바탕으로, 세 가지 관점에서 저출산 현상의 원인을 진단하고 설명하세요." 학생은 망설임 없이 답한다. "저출산 현상의 원인을 진화학자, 동물학자, 행복심리학자의 관점에서 설명해 보겠습니다." 교사는 학생의 구술을 경청하며 중심 내용을 키워드 중심으로 메모한다. 교사가 메모하는 종이는 학생 한 명당 한 장씩 준비한 것으로, 세 가지 질문에 해당하는 채점 기준, 배점, 교사가 피드백할 내용을 기록할 수 있는 칸으로 구성되어 있다.

첫 번째 질문에 해당하는 평가 요소는 '다양한 관점으로 저출산 현상의 원인 파악하기'이다. 학생들은 세 가지 관점 중 동물학자와 행복심리학자의 관점에서 저출산 현상의 원인에 대해 설명하는 것을 비교적 수월하게 수행했다. 동물학자의 관점은 라면, 탄수화물, 탕후루, 초코우유 등과 같은 익숙한 키워드로 기억하고 있어 이것으로부터 저출산 현상의 원인과 쉽게 연결하여 설명하였다. 교사의 추가 질문 중 하나로 앞서 언급한 음식물을 학생은 주로 언제 어디에서 먹는지 물었다. 대부분의 학생은 방과 후에 학교나 학원 근처 편의점에서 저녁 식사용으로 컵라면이나 빵, 초코우유 등을 종종 먹고 있었다.

학생들은 행복심리학자의 관점에서도 행복감을 키워드로 저출산 현상의 원인을 구체적으로 설명하였다. 학생들은 텍스트에 소개된 근거들을 참조하여 말했다. 예를 들면, 행복감이 높은 사람들이 결혼 후 5년 안에 아이를 낳은 확률을 비교한 연구나 세계행복자료에서 한국인의 행복감이 최하위권에 있다는 통계자료를 근거로 들었다. 교사는 왜 대한민국이 다른 나라에 비해 행복감이 낮은지, 그로 인해 왜 저출산 현상이 나타나는지를 추가 질문한다.

진화학자의 관점에서도 많은 학생이 키워드를 적합하게 찾아 설명했다. 인간을 비롯한 모든 생명체의 본성인 '생존survival'과 '재생산reproduction'의 개념을 구분하고, '성장-출산-양육'이라는 생애 단계 가운데 인간은 왜 인구밀도가 높은 환경에 적응하여 출산을 미루는 전략을 선택하는가를 설명하였다. 간혹 텍스트에 소개되었던 진화학자 올리버 숭Oliver Sng의 연구 결과를 인용하여 설명하는 학생도 있었다. 그러나 진화학자의 관점에서 '경쟁 지각'을 근거로 저출산 현상의 원인을 설명하면서도, '경쟁 지각'이 무엇을 의미하는지 물었을 때 답하지 못하거나 지각의 의미를 혼동하여 설명하는 학생이 소수 있었다. 텍스트 읽기 활동과 구술평가 사전 연습하기 활동에서 반복하여 텍스트의 어휘를 풀이하는 과정이 있었지만, 그 의미를 온전하게 이해하지 못한 경우이다. 그럼에도 저출산 현상은 인간 본성이 오래 적응한 결과이지 병리적 관점이 아니라는 진화학자의 관점을 꽤 흥미롭게 이해하여 설명하는 편이었다.

교사는 두 질문을 이어서 제시한다. 먼저 "저출산 현상에 대응한 국가들의 다양한 사례를 설명하세요."라는 질문에 학생 대부분은 프랑스의 동거 제도를 비중 있게 말했다. 학생들은 "예를 들면 프랑스에서는 동거가 반‡결혼 상태로"라는 말로 운을 떼며, 프랑스 정부에서 동거를 어떠한 지위로 인정하고 있는지, 결혼한 자들과 마찬가지로 어떤 지원을 하는지, 동거하는 자들을 프랑스 사회에서 어떻게 바라보고 있으며 한국 사회의 인식과 어떻게 다른지 등을 설명하였다. 이외에도 유럽과 미국에서 이민 수용을 적극적으로 받아들이고 있는 사례를 주로 설명하였다. 다음으로, 학생들이 설명한 사례들을 "한국에 적용할 때 나타날 수 있는 다양한 양상을 근거를 들어 설명하세요."라는 질문에 대개의 학생들이 긍정적 측면과 부정적 측면으로 구분하여 설명하였다.

학생들은 대체로 교사의 질문에 자신이 할 말을 적절하게 정리하여 제한된 시간을 준수하여 답했다. 자신이 생각한 바가 어떻게 말로 전개되는지 머릿속으로 점검하듯 또박또박 천천히 구술하는 학생들을 많이 관찰할 수 있었다. 한편, 복도에서 구술평가가 진행되는 동안 나머지 학생들의 관리 문제가 발생한다. 실제로 나의 구술평가 진행 모습을 복도를 오가며 관찰한 동료 교사들이 많이 묻는 것 중 하나가 구술평가 중 교실에 남은 학생들은 무엇을 하느냐는 것이다. 더 정확히는 중학교 1학년 학생들이 교사 없는 교실에 모여 있으면 매우 소란스러워 문제가 될 텐데, 이를 어떻게 해결할지 궁금해 했다. 교실에서 구술평가를 준비 중인 학생들은 텍스트를 손에 잡고 구술을 하느라 분주하다. 관건은 평가를 마친 학생들의 관리 문제이다. 나는 구술평가를 마친 학생들에게 별도의 읽기 자료를 배부하고 정독할 것을 주문한다. 추가로 배부한 읽기 자료는 『축소되는 세계』(앨런 말라흐, 사이)라는 제목의 도서를 발췌한 것이다. 저출산 현상과 연결된 내용을 담되, 구술평가의 질문에 직접적인 답을 찾을 수 없는 텍스트이다. 모든 학생이 구술평가를 마친 뒤 조용히 새로운 텍스트 읽기에 집중하지는 않는다. 구술평가를 진행하는 동안 교사의 감각은 복도와 교실을 넘나들 수밖에 없다.

깊이 있는 피드백

보통 사회과 수업 시간 동안 한 명의 교사와 다수의 학생들은 서로 눈을 마주친다. 구술평가 중에는 대상과 초점의 명확한 마주침이 있다. 그 마주침은 서로를 불편하게 하기보다는 서로의 래포를 형성할 수 있는 마주침이다. 학생들과 대면하고 마주 앉아 구술평가하는 것은 교사와 학생 간 친밀감을 높이는 데 도움이 된다. 만약 구술평가 실행 시기가 학년 초라면 교사와 학생의 친밀한 관계 맺음에 구술평가가 큰 도움이 될 수 있다.

무엇보다도 구술평가는 다른 평가 방법과 비교하여 질문하는 교사와 응답하는 학생의 상호작용에 초점이 있기 때문에 즉각적으로 피드백할 수 있다는 장점이 있다. 교사의 피드백은 교사의 눈앞에서 벌어진 평가 장면에서 진정성 있게 참여한 학생들의 모습에 대한 깊이 있는 관찰을 바탕으로 한다.

학생과 가까이 마주 앉은 교사의 뇌리에는 학생들이 구술한 저출산 현상과 관련된 내용뿐만 아니라 구술하는 모습도 오롯이 남는다. 긴장한 듯 숨을 고르는 모습, 뭔가를 더 꺼내어 설명하고자 애쓰는 모습, 준비한 것보다 말을 일찍 마쳐서 당황한 모습, 텍스트의 내용을 모조리 외우고 나왔다는 자신감을 분출하듯 텍스트 글귀를 말로 뱉다 점차 꼬여 잠시 말을 멈춘 모습 등을 관찰할 수 있다. 특히 수업 질서의 경계를 넘나들며 '드립 치는 관종의 말하기'를 일삼던 학생이 구술평가에서 수줍게 말하던 모습도 인상적이다. 반대로 평소 수업에서 도드라지게 말하지 않지만, 교사와 눈을 마주치며 "선생님 저 수업 열심히 듣고 있고 눈으로 말하고 있어요."라고 말하는 듯한 눈빛의 학생이 구술평가에서 조곤조곤 구술하던 장면도 깊게 남는다. 비단 구술평가를 진행하는 장면뿐만 아니라 구술평가를 준비하는 사회과 수업 전반에 걸쳐 대체로 학생들은 적극적으로 참여하기 때문에 그 과정에서 관찰한 바를 피드백해도 의미 있다.

교사는 구술평가를 마친 뒤, 마주 앉은 학생의 실제 수행 과정이나 결과를 채점 기준과 비교하며 정성스럽게 말로 피드백한다. 학생이 텍스트를 잘 읽어 냈는지, 교사의 질문에 학생 본인의 생각을 설득력 있게 말하고 있는지, 본인 생각의 흐름이 논리적으로 이어지는지, 본인이 전달하고자 하는 생각을 상대방에게 명확하게 잘 전달했는지, 말하는 학생의 모습을 보며 든 생각과 느낌을 교사는 생생하게 바로 전달한다. 피드백을 통해 교사가 기대하는 바는 학생이 무엇을 잘 수행하였는지 무엇을 더 보완하면 좋을지 비판적으로 생각할 기회를 가짐으로써 추후 학습에 도움이 되는 것이다.

교사의 피드백을 마치고, 학생에게 구술평가에 참여한 경험이 어떠하였는지 질문하면 학생의 자기 성찰에 기반한 평가를 할 수 있다. 저출산 현상이 다양한 관점에서 종합적으로 이해되어야 할 성격의 문제라는 점을 이해했다는 학생들과 저출산 현상은 자신과 아직 관련이 없는 문제인 줄 알았는데 치열하게 공부를 강요하고 있는 사회의 분위기나 방과 후 집 밖에서 먹고 있는 음식들과도 관련이 있음을 이해하게 되었다는 학생들의 이야기가 기억에 남는다. 일부 학생들은 자신의 생각을 논리적으로 정리하여 말하는 것에 긴장감을 느끼기도 했지만, 점차 자신감을 갖게 되었다는 점을 인정하기도 했다. 평소 차분한 태도로 수업에 참여한 어느 학생은 구술평가 방법이 '공부의 끝판왕'이라고 평가하기도 했다. 보통은 수업을 잘 '듣는' 것을 열심히 공부한 것으로 여기지만, 구술평가를 위한 사회과 수업에서는 텍스트를 적극적으로 해석해야 했고, 사전 연습하기 활동과 실제 평가의 장면에서 그저 듣는 것이 아니라 자신이 생각한 바를 친구들과 교사에게 설명함으로써 주도적으로 학습에 참여할 수 있었다고 덤덤하게 부연하였다.

구술평가의 마지막 단계에서는 피드백을 제공하며 짧지 않은 시간 동안 학생과 깊은 이야기를 나누는 것이 가능하다.

더 풍성한 논의가 이루어지기를

사회과 교사는 학기초 평가 계획을 세울 때 수행평가 방법들의 특성을 이해하여 어떤 평가가 학생의 성장을 조력하는 데 도움이 될지를 고려하여 평가 방법을 선택한다. 그동안 나의 교수 경험상 구술평가는 서·논술형 평가와 같이 글쓰기를 기반으로 한 평가에 비해 사회과 수행평가로서는 생소한 것이었다. 나는 구술평가에 관한 이론적 논의와 실천 사례를 학습하여 중학교 1학년 사회 과목의 '사회변동과 사회문제' 단원에서 다루는 저출산 현상을 주제로 구술평가를 실행하였다. 내가 구술평가를 디자인하고 실행하는 과정에서 구술평가의 개념이 무엇인지, 구술평가는 어떤 이점과 난점을 갖고 있는지, 어떤 사회과의 내용을 주제로 구술평가할 것인지, 어떤 텍스트를 읽고 구술평가할 것인지, 학생들에게도 낯선 구술평가를 사전에 연습할 방법은 무엇인지 등에 관한 질문에 스스로 묻고 답하는 과정을 거쳤다. 앞서 소개한 평가 사례는 이러한 실천 경험을 기반으로 사회과의 구술평가 실행 방안을 탐색한 것이다. 여기에서 제시한 일대일 문답형 구술평가의 실행 단계는 [주제 선정하기 → 텍스트 선정하기 → 질문 만들기 → 채점 기준 만들기 → 텍스트 읽기 → 구술평가 사전 연습하기 → 구술평가 진행하기 → 피드백 제공하기] 순이다.

주지하다시피 사회과는 현존하는 사회현상을 직접적으로 다루는 교과이다. 저출산 현상을 비롯한 현대의 사회문제에 관한 심층적이고 종합적인 이해를 바탕으로 합리적 문제 해결과 참여의식을 함양하는 데 이바지할 수 있다. 이 글에서 제시한 주제 이외에 다양한 사회문제를 주제로 적용한 사회과의 구술평가 실행 사례가 더 많이 보고될 여지가 충분히 있다. 나 또한 앞으로 사회과의 다양한 주제로 구술평가를 실행하려고 한다.

나의 구술평가 사례가 수행평가의 한 방법으로서 사회과 구술평가에 관한 교사의 관심을 환기하고 실제적인 도움이 되기를 바란다. 또한 사회과 수업에서 구술평가를 매개로 한 교사와 학생의 상호작용이 활발해지고 사회과 주제에 관한 생각을 자신의 언어로 말할 수 있도록 학생을 조력하는 방안에 관한 논의가 더 풍성해지기를 기대한다.

수업·평가 활용 자료

『초저출산은 왜 생겼을까?』(조영태 외, 김영사)
저출산 현상의 원인을 다각도로 파악하고, '현금성 지원 같은 단선적인 복지정책 프레임에서 벗어나' 기존에 실패했던 '복지정책의 틈을 채울 일곱 가지 새로운 모색'을 시도한다. 이 도서를 활용하여 구술평가 텍스트를 제작하려는 선생님에게 저자 일곱 명의 좌담이 실린 마지막 장을 먼저 일독할 것을 추천한다. 도서 내용을 전반적으로 이해할 수 있고, 각 장에서 저자가 저출산 현상의 원인과 대책을 어떻게 설명하는지 파악하는 데 도움이 된다.

『축소되는 세계』(앨런 말라흐, 사이)
인구와 도시문제를 연구해 온 저자는 '인구 감소는 실패의 신호인가'라는 질문을 던진다. 그는 인구 감소가 '해결'해야 하는 것이 아니라 '관리'해야 하는 것이라고 말한다. '성장 없이도 번성하고 지속 가능한 미래를 꾸려 나갈 방법을 배울 수 있다'는 것이 핵심 메시지이다. 지역 소멸 문제를 다양한 사례와 함께 분석하고 있어, 저출산 현상을 보다 심층적으로 이해하는 데 유용하다.

『개구리』(모옌, 민음사)
2012년 중국 최초 노벨 문학상 수상작이다. 작가는 산부인과 의사였던 자신의 고모를 주인공으로 설정하여, 중국의 산아 제한 정책인 '계획생육'을 정면으로 다룬다. 고모는 정부의 '계획생육'에 따라 정관 수술과 임신 중절 수술에 나서고 비난을 받으며 1만 명 넘는 아이를 받은 전설적 인물에서 '살아 있는 염라대왕' 신세로 전락한다. 이 소설을 통해 한국 인구정책의 변천을 되돌아볼 수 있다. 저출산 현상 및 인구정책과 관련된 생명 윤리 문제를 논의할 수 있다.

지속 가능한 사회를 위해 자본주의 성찰하기

[경제]_『자본주의』(EBS <자본주의> 제작팀, 가나출판사), 『녹색 계급의 출현』(브뤼노 라투르 외, 이음)

자본주의 사회를 살아 내기 위한 경제 수업

사계절이 빠르게 순환되는 요즘, 지구의 온도도 가파르게 상승하고 있다. 지질 역사상 기후 대변동이 여러 차례 있었지만, 우리가 느끼는 현재의 기온 변화는 인간에 의해서 발생한다고 한다. 이제 지구온난화 현상이 아닌 지구가 끓는 사회가 되어 버린 것이다. 봄과 가을은 짧아지고 여름과 겨울은 상대적으로 길어졌다. 기온 변화가 어색할 법한데도 더위가 익숙해진 듯 10월, 11월에도 에어컨을 켜는 모습이 더러 보인다. 인위적으로 나타난 기후위기 현상이라고는 하지만 사람들에게는 아직 먼 미래이기 때문에 지금 당장 체감하지 못한다. 이러한 사회 분위기가 형성된 것에 자본주의가 많은 영향을 끼쳤다. 지나친 경쟁의식 속에서 살아가다 보니 남보다 더 많은 생산과 소비를 추구하고, 기회비용을 고려하여 합리적 선택과 효율성을 중시한다. 또한 각 경제주체는 자신들의 합리적 선택을 위해 주어진 목표를 달성하려고 노력한다. 짧지만 지난한 과정 속에서 남극과 북극은 사라지고, 여러 섬나라가 잠길 위험에 처해 기후난민이 발생하며, 전염병이 빈번히 발생한다. 이렇게 자본주의는 우리의 몸과 마음을 지배하고 있는 상황이다. 기후위기, 팬데믹, 그리고 자국의 이익을 위해 각종 전쟁과 테러 등 여러 사회문제가 만연해지는 지금, 무엇을 준비해야 할까?

고민이 깊어질 때쯤, 고등학교에서 경제 수업을 담당하게 되었다. 경제 수업은 경제 원리와 현상에 관심 있는 소수의 학생이 신청해서 개설되는 과목이다. 경제 개념 자체는 어렵고, 각종 데이터와 수치, 그래프로 경제 현상을 분석해야 하니 여간 복잡한 것이 아니다. 그런데도 경제는 우리의 삶에서 실용적으로 중요한 과목이다. 경제는 '경세제민經世濟民'을 줄인 말로 '세상을 다스리고 백성을 구제한다.'라는 의미이다. 이는 학문에 힘써서 사회를 안전하게 만들며 어려움에 처한 자에게 도움을 주라는 뜻이다. 경제의 함축적 의미를 되새겨 보았을 때, '경제 원리를 통해 시장의 자율성과 효율성을 강조하는 사회는 정의로운가?', '자본주의로 인해 이익을 얻는 경제주체와 그렇지 않은 경제주체는 누구인가?', '자본주의는 우리 사회를 진정으로 안전하게 만들고 있는가?'에 대한 이야기를 학생들과 나눠야겠다고 생각했다. 자본주의 사회에

너무나도 익숙해진 우리. 이제 우리는 자본주의를 다시금 성찰할 필요가 있다.

수행평가의 주제를 '자본주의 성찰하기'로 정했다. 어떻게 자본주의를 성찰할 수 있을지에 대한 물음은 구술평가를 진행한다는 결심으로 답이 내려졌다. 구술평가를 하며 교사와 학생이 함께 나누는 대화 속에서 학생들이 자본주의에 대해 가지고 있는 생각, 태도, 이해도, 흥미, 필요성 등을 종합적으로 파악할 수 있으며, 어려운 개념과 사회현상을 말로 풀어내는 과정에서 자연스럽게 배움이 생길 수 있다는 판단에서였다. 그동안 전통적인 사회과 평가에서는 사실, 정보, 지식 등과 같은 인지적 측면을 주로 강조하였다. 그러나 자본주의를 성찰하기 위해서는 인지적 영역과 더불어 사회문제에 대한 가치 및 태도를 평가하는 정의적 영역을 모두 고려해 평가해야 한다. 구술평가의 주제와 목적을 분명히 하고 학생과 대화를 나누었을 때 학습한 경제 지식과 원리에 대한 점검은 물론 학생들의 생각과 태도를 세심하게 관찰할 수 있겠다는 생각에 구술평가로 자본주의를 성찰하기로 했다.

모둠 독서 활동과 질문 만들기

수업을 준비하는 과정은 고민의 연속이었다. 구술평가를 통해 이루고 싶은 궁극적인 목표는 우리가 살아가는 자본주의 세상을 파헤쳐 보는 것이었다. 사회과 교육과정에서는 사회과교육의 주요 목표인 민주시민으로서 갖추어야 할 자질을 함양하는 데 필요한 핵심역량을 서술하고 있다. 자본주의를 성찰하기 위해서는 사태를 분석적으로 평가하는 비판적 사고력, 다양한 사회적 문제를 해결하기 위해 합리적으로 결정하는 문제해결력, 자신의 견해를 분명하게 표현하고 타인과 효과적으로 상호작용하는 의사결정력이 중요했다. 교육과정 및 성취기준을 찬찬히 살펴보았을 때, 경제에서 강조하는 효율성이 정답이 아닐 수도 있다는 생각을 학생과 학생 간, 학생과 교사 간의 대화 속에서 자연스럽게 발현되도록 해야 한다. 그러려면 교수·학습-수업-평가-기록까지 일관성과 체계성 있게 구상해야 한다. 평가의 목적은 모든 학생이 일정한 학업 성취 수준 이상에 도달할 수 있도록 도와주는 것이며, 평가를 통해 교육목표가 어느 정도 달성되었는지를 파악하고 판단할 수 있어야 한다. 특히 구술평가는 말을 통해 지식이 오가고 가치와 태도를 관찰하는 것이므로 평가 방법을 구체적으로 마련하는 것이 중요하다. 따라서 사회과교육 개론서 및 [경제] 교과의 교육과정 성취기준을 살펴보며 주어진 교육목표에 대한 교육 내용을 선정 및 조직하고, 교수·학습 활동을 어떻게 풀어낼 것인지 고안하는 과정을 거쳤다.

먼저 '자본주의 성찰하기'를 위해 [경제] 교과 성취기준을 살펴보았다. [경제] 교과 성취기준 전반에 걸쳐 설명되고 있지만, 경제성장 및 국민 경제활동과 직접적으로 연계하여 자본주의를 이해하고 분석할 수 있는 3단원 '국가와 경제활동'이 구술평가에 적합하다고 생각했다. 3단원은 경제성장을 시작으로 한국 경제의 변화에 대해 이해할 수 있으며, 경제주체의 지출과 소득이 국민 경제에 어떻게 반영되는지, 경제에서 중요한 문제인 실업, 인플레이션의 원인과 해결 방안은 무엇인지 배울 수 있는 중요한 단원이다. 이를 통해 국가와 중앙은행의 역할과 방향을 유추해 볼 수 있으며 3단원 내용 흐름으로 보았을 때 실생활과 연계하여 자본주의 전반에 대해 고찰할 수 있는 성취기준이라고 생각했다.

[12경제03-01] 경제성장의 의미와 요인을 이해하고 한국 경제의 변화와 경제적 성과를 균형 있는 시각에서 평가한다.
[12경제03-02] 경제의 순환 과정을 이해하고 경제주체의 지출과 소득으로 국민경제활동 수준을 파악한다.
[12경제03-03] 실업과 인플레이션의 발생 원인과 경제적 영향을 알아보고, 그 해결 방안을 모색한다.
[12경제03-04] 총수요와 총공급을 이용하여 경기 변동을 이해하고 재정 정책과 통화 정책을 한 경제 안정화 방안을 모색한다.

▲ 2015 개정 교육과정 [경제] 3단원 성취기준

사회과 구술평가를 준비하면서 '텍스트'를 고심해야 했다. 주제와 성취기준에 알맞은 텍스트를 선정해야 했는데, 이미 익숙해진 자본주의 시스템에 관한 생각을 전환하기 위해서는 학생들이 서로의 생각을 주고받을 수 있는 다양한 자료가 필요했다. 정확하고 구체적으로 사회현상을 관찰하고, 학생들이 생각을 뻗어 의견을 제시하기에는 책이 가장 좋았다. 독서를 하면 오랫동안 생각으로 체화되는 경험이 생기는데 이

경험을 학생들이 꼭 해 보았으면 했다.

    자본주의에 대해 학생들이 읽을 수 있는 책을 선정하기 위해 도서관으로 향했다. 도서관에는 청소년이 읽기 좋은 자료를 정리해 둔 서가도 있어 참고하기 좋다. 그럼에도 아이디어가 떠오르지 않아 주변 사회과 선생님에게 도움을 청하기도 했다. 모둠별로 독서 활동을 통해 자본주의를 성찰하고 개인별 구술평가를 생각하고 있어서 난이도가 각각 다른 3권의 책을 선정하고자 했다. 자본주의와 관련된 책의 목차를 살펴보며 수업 활용에 적합한지 판단하려면 발췌해서라도 책을 미리 읽어 봐야 한다. 고민의 시간을 거듭하였고, 다음의 3권을 텍스트로 선정했다.

연번	도서명	저자	출판사
1	지적 대화를 위한 넓고 얕은 지식	채사장	웨일북
2	자본주의	EBS <자본주의> 제작팀	가나출판사
3	녹색계급의 출현	브뤼노 라투르, 니콜라이 슐츠	이음

▲ '자본주의 성찰하기' 구술평가 도서 목록

    『지적 대화를 위한 넓고 얕은 지식』은 사회현상을 누구나 쉽게 이해하며 접근하도록 재미있게 쓰였다는 평가를 받는 책이다. 이 책은 역사, 경제, 정치, 사회, 윤리 영역으로 내용이 나뉘어 있는데 경제 부분만 발췌하여 준비했다. 경제 부분은 자본주의와 공산주의, 초기 자본주의, 후기 자본주의, 신자유주의 등 네 개의 경제체제를 이해하며 자본주의를 살아온 역사적 흐름을 파악하기에 알맞았다. 다양한 경제체제 속에서 시장의 자유와 정부의 개입 중 어떤 사회를 선택해야 하는지 생각할 수 있도록 도움을 주는 책이다.

『자본주의』는 TV 프로그램인 EBS 다큐프라임 〈자본주의〉 5부작을 책으로 엮은 것이다. 그중에서도 4장인 「위기의 자본주의를 구할 아이디어는 있는가?」와 5장인 「복지 자본주의를 다시 생각한다」를 발췌하여 준비했다. 4장과 5장의 내용을 통해 자본주의가 이대로 괜찮은지에 대한 생각을 공유할 수 있고, 개방형 질문을 토대로 논의할 수 있는 주제가 많이 펼쳐지기를 기대했다.

『녹색 계급의 출현』은 학생들에게 조금 어려울 수 있는 책이다. 작가인 브뤼노 라투르와 니콜라이 슐츠가 자본주의 한계 시점에서 환경 위기를 실질적으로 해결하기 위해 실천을 주도하는 세력으로 '녹색 계급의 출현'을 강조하는 주장을 메모 형식으로 서술한 책이다. 환경문제는 지구에 거주하는 모든 이들과 관련되어 있기에 자본주의에 관한 생각을 전환하기 위해 우리는 어떤 모양의 자본주의 사회를 살아가야 하는지, 그 답을 알려 줄 좋은 책이라고 판단했다.

평가 요소	평가 척도 및 채점 기준				
	매우 우수	우수	만족	다소 미흡	미흡
『자본주의』와 『녹색 계급의 출현』을 읽고 자본주의 현상 설명하기 (50)	50 자본주의의 특성을 명확히 이해하고, 객관적인 사실을 바탕으로 설명할 수 있음.	40 자본주의의 특성을 명확히 이해하였으나, 설명 내용에 객관적 오류가 1가지 있음.	30 자본주의의 특성을 명확히 이해하였으나, 설명 내용에 객관적 오류가 2가지 있음.	20 자본주의의 특성을 명확히 이해하였으나, 설명 내용에 객관적 오류가 3가지 있음.	10 자본주의의 특성을 명확히 이해하지 못하였으며, 설명 내용에 오류가 4개 이상으로 많음.
자본주의 성찰하기 (50)	50 모든 활동에 적극적으로 참여하였으며, 성찰적 질문에 대한 답변이 충실하고 논리적임.	40 모든 활동에 참여하였으나, 성찰적 질문에 대한 답변 1~2개의 오류가 있음.	30 모든 활동에 참여하였으나, 성찰적 질문에 대한 답변 3~4개의 오류가 있음.	20 모든 활동에 참여하였으나, 성찰적 질문에 대한 답변 5~6개의 오류가 있음.	10 활동에 적극적으로 참여하지 않았으며, 성찰적 질문에 대한 답변이 충실하지 못함.
수행평가 응시 기본점수				20점	
본인 의사에 의한 수행평가 미응시자 (미제출자, 장기 미인정 결석자 포함)				10점	

▲ [경제] 수행평가 평가 기준

성취기준과 텍스트가 정해졌으니, 이를 바탕으로 평가 척도를 마련하였다. 평가는 '모둠 독서 활동→질문 만들기→구술평가 연습→구술평가 실시→성찰 활동지 작성하기' 순서로 구상하였다. 이를 바탕으로 자본주의의 특성을 명확하게 이해하고, 객관적 사실을 바탕으로 설명이 가능한지, 성찰적 질문에 대해 논리적인 답변에 접근할 수 있는지를 평가 요소로 설정하였다.

1차시	『지적 대화를 위한 넓고 얕은 지식』, 『자본주의』 읽고 질문 만들기
2차시	『녹색 계급의 출현』 읽고 질문 만들기(1)
3차시	『녹색 계급의 출현』 읽고 질문 만들기(2)
4차시	구술평가 연습
5~6차시	구술평가 실시

▲ 차시별 수업 계획

본격적으로 수업을 구체적으로 계획했다. 교과 개념 이해를 위한 수업과 학교 프로그램으로 인한 시간을 제외하고 나면, 확보할 수 있는 수업 차시는 6차시였다. 개인별 구술평가를 실시할 경우 2차시 정도 소요되기 때문에 나머지 1차시는 구술평가 연습의 시간을 제외하고 독서 활동 및 질문 만들기 시간으로 구상했다.

독서 활동 및 질문 만들기 활동을 3차시로 기획하며, 차시별로 읽을 책을 발췌하여 준비했다. 의미 있는 차별화 전략을 위해 독서는 모둠활동으로 하고 싶었다. 학생마다 경험, 흥미, 성취 수준, 배경지식이 모두 다르다. 학습자 간 학습 능력이나 학업 욕구의 차이가 있겠지만 다양성의 불가피함에 대한 이해도 필요하다는 점을 알려 주고 싶었다. 1차시에 읽기 쉬운 『지적 대화를 위한 넓고 얕은 지식』과 『자본주의』를 전달하고, 모둠별로 독서를 나누어 할 수 있도록 했다. 2차시와 3차시에는 조금 어려운 책 『녹색 계급의 출현』을 읽도록 안내하여 수업의 진행에 따라 학생들의 생각도 조금씩 깊어지고 다양해지기를 바랐다.

차시별 독서 활동이 끝나면 궁금한 점, 저자의 의견과 대립되는 점 혹은 흥미로운 생각을 바탕으로 질문 만드는 시간을 주었다. 수업 시간에도 질문을 많이 하지만, 사실상 강의식 수업의 답이 정해진 질문, 내용 전달식의 질문이 아니라 배움을 끌어내는 질문이 자유롭게 오가기를 바랐다. 질문이 다양할수록 사고의 폭이 넓어지고, 학생들과 질문에 대한 답변을 생각해 내는 과정에서 사회과교육에서 강조하는 비판적 사고력, 문제해결력, 의사결정력이 길러지리라 생각했다. Jay Mctigh & Grant Wiggins에 따르면 핵심 질문은 자신이 하는 학습이 어떻게 연결되는지 알 수 있도록 돕기 위해 모색하며, 자연스럽고 적절한 연결점을 제공한다고 설명한다. 자연스럽고 생산적인 연결은 전이 가능한 폭넓은 개념과 이와 함께 동반되는 질문을 중심으로 형성된다는 것이다. 모둠 독서 활동과 질문 만들기를 통해 3단원 '국가와 경제활동'에서 나타난 자본주의 현상을 성찰하는 과정에서 학생들 안에서 자연스럽게 샘솟는 질문들로 삶과 연결되는 지점을 찾을 것이라는 생각이 들었고 걱정 반 설렘 반의 마음으로 구술평가를 시작했다.

자발적으로 앎을 찾아가는 수업과 평가

자유롭게 서로의 생각을 이야기하는 교실, 저절로 앎이 생기는 수업을 꿈꾸었다. 1차시부터 학생들에게 모둠으로 자본주의 관련 독서를 할 거라고 안내했다. 학생들에게 읽어야 할 책들을 소개하면 눈을 흥미롭게 반짝거리겠지 생각하면 오산이다. 학생들은 책보다는 동영상을 좋아하고, 동영상보다 놀기를 더 좋아한다. 따라서 구술평가를 진행하기 전에 '왜 자본주의를 성찰해야 하는가?', '우리는 어떤 사회를 살고 있는가?'에 대한 문제의식을 던져 주어야 했다. 우리가 사는 사회는 더 이상 풍요로운 사회가 아님을 학생들이 인식하고, 앞으로 지속 가능한 사회를 위해 자본주의를 어떻게 살아 내야 하는가에 대한 공감을 바탕으로 자연스럽게 책을 읽기를 바라며 설명했다.

1차시에는 모둠으로 이동하여 독서 활동을 진행하는데, 앞서 설명한 것처럼 『지적 대화를 위한 넓고 얕은 지식』과 『자본주의』를 발췌하여 안내했다. 모둠별로 준비된 각각의 읽기 자료를 전달하되, 학생들에게 흥미로운 주제의 책을 모둠 내에서 상의하여 직접 고를 수 있다는 말도 덧붙였다. 학생들의 성향, 학업 능력, 흥미, 배경지식 등에 따라 읽어 낼 수 있는 책을 가져가고, 짧은 시간이지만 집중할 수 있는 독서 시간을 주었다. 자신이 맡은 부분 이외에도 팀원들이 읽어 내는 책의 내용은 모르기 때문에 각자의 독서 활동이 끝난 후에는 짧은 시간 동안 읽은 책 내용을 공유할 시간도 주었다.

교사가 되어 보니 자신의 언어로 지식을 설명할 때 관련된 생각들이 명료해지는 경험을 꽤 많이 한다. 누군가가 '어떠한 현상이나 원리를 나의 언어로 설명하지 못한다면 그것은 잘 모르는 것이다.'라고 했던 말도 있지 않은가. 책 내용을 설명하는 과정에서 친구들이 이해하지 못하면 다시 설명해야 하고, 쉽게 이해시키기 위해 다양한 표현을 활용하는 능력도 발현된다. 이때 교사는 모둠을 돌아다니면서 학생들이 모르거나 이해하기 어려운 내용이 있으면 적절히 개입하여 원만하게 소통하도록 도와주어야 한다. 그러려면 수업 전에 발췌한 책 내용을 꼼꼼히 읽어야 하고, 질문의 의도와 다른 답변이 나올 경우 바로잡아 주어야 했다. 서로의 책 내용을 설명해 주고 10분 동안 질문 만들 시간을 부여한다. 나누어 준 포스트잇에 각자의 궁금증을 정리해도 좋고, 종이 한 장에 모둠 대표가 정리하여 수업이 끝나면 제출하도록 안내했다. 학생들에게 질문을 만들라고 하면, 정답이 있거나 단순한 내용의 질문들로 만들 수도 있어서 사전에 구체적인 안내가 필요하다. 질문을 만드는 이유 중 하나는 사고력을 확장하고 전환하는 데 있다. 그렇기에 학생들에게 질문을 만들 때 어떤 질문이 좋은 질문인지, 정답이 없는 질문도 왜 필요한지 설명해 주면 더욱 좋다. Jay Mctigh & Grant Wiggins는 좋은 핵심 질문에는 일곱 가지의 결정적 특징이 있다고 말한다.

① 개방형이다. 즉, 하나의 최종적인 정답이 없다.
② 사고를 촉발하고 지적으로 몰입하게 하며, 종종 토론과 논쟁을 유발한다.
③ 분석, 추론, 평가, 예측과 같은 고차원적인 사고를 요구한다.
④ 한 과목 안에서 중요하고 다른 분야까지 적용할 수 있는 생각을 유도한다.
⑤ 부가적인 질문을 제기하고 추가적인 탐구 활동을 촉발한다.
⑥ 단지 답만이 아니라 정당한 근거와 지지를 요구한다.
⑦ 시간이 지나면서 같은 질문이 되풀이된다. 핵심 질문은 거듭해서 반복될 수 있고 반복되어야 한다.

이러한 좋은 질문의 특징들을 참고하여 모둠을 관찰하며 학생들에게 우리가 만드는 질문은 정답이 정해져 있는 것이 아님을 설명했다. 질문에 대한 답변의 근거와 지지가 나올 수 있고, 자본주의를 삶과 연계하여 생각하면서 다양한 의견이 발현될 수 있는 질문이 생성되도록 안내했다. 그 결과 1차시 독서 활동에서 학생들은 총 25개의 질문을 만들었다. 1차시는 꽤 성공적이었다.

1. 청소년들의 돈이 행복의 전부라는 생각은 어떻게 바꿔야 할까?
2. 복지는 동정심이나 도덕성을 통해 이루어지면 안 된다. 생산적인 복지를 위해 어떤 방향을 추구해야 하는가?
3. 창의력과 도전은 부에 비례한다. 그렇다면 가난한 사람은 항상 도전을 못하는 것인가?
4. 우리나라가 돈이 제일 중요하다고 생각하는 것을 막기 위해 어떤 복지를 늘리는 것이 가장 효율적일까?
5. 해고자들이 재훈련하는 동안 생계를 이어 나가기 힘들지 않을까?
6. 옛날보다 훨씬 발전한 지금도 애덤 스미스는 가난한 자들을 돕는 차선의 길이 자유시장경제라고 생각할까?
8. 모든 국가가 경제성장과 분배를 위해 노력한다면 경제체제의 목표를 달성할 수 있을까? 만약 목표를 달성한다면 그 이후엔 어떤 체제가 적합할까?
9. 가난한 사람들의 소비성향이 더 높은 이유는 무엇일까?
10. 공급과잉을 해결하기 위해 식민지 경쟁은 왜 심화되었을까?
11. 세금과 복지를 확대하는 나라 혹은 세금과 복지를 축소하는 나라 중 우리에겐 어떤 나라가 좋을까?
12. 현재 대한민국의 경제 상황을 고려해 본다면, 대한민국은 성장 중심 정책과 분배 중심 정책 중 무엇을 선택해야 할까?

▲ 1차시에서 학생들이 만든 질문 예시

기대한 대로 학생들은 책을 읽으며 든 여러 생각들을 질문으로 쏟아 냈다. 1차시 내내 지켜보며 조마조마했던 근심들이 모조리 사라졌다.

질문을 정리하며 우리가 그동안 당연하게 여겼던 자본주의에 대해 처음으로 의문을 가졌다는 것만으로도 괜찮았다. 학생들이 1차시 활동에서 능동적이면서 개방형 질문들을 마구 쏟아 낸 이유는 개인별 구술평가에서의 질문은 학생들이 만든 질문에서 70%를 구성할 것이고, 사전에 공개할 것이라고 안내했기 때문이다. 최종 개인별 구술평가에서 질문은 10개로 구성되는데, 7개를 학생들이 만든 질문으로 구성하고, 나머지는 교사가 채울 것이라고 안내했다. 교사가 만든 3개의 질문은 구술평가 당일에 공개하는 것을 원칙으로 하고, 학생들이 만든 질문지를 공개하여 연습하도록 했다.

자신감 있게 진행한 2, 3차시 수업에는 책 『녹색 계급의 출현』을 가져왔다. 브뤼노 라투르와 니콜라이 슐츠가 일종의 메모 혹은 선언문처럼 쓴 책을 처음부터 이해하기란 쉽지 않을 것 같았다. 책 『녹색 계급의 출현』은 두 파트로 나뉘는데, 전반부는 외국의 두 저자가 쓴 메모 형태이고, 후반부는 한국의 연구자와 활동가들이 쓴 「한국의 녹색 계급을 위한 부록」이다. 2차시에는 학생들에게 「한국의 녹색 계급을 위한 부록」을 먼저 읽혔다. 저자 메모에 대한 맥락을 이해할 수 있도록 비교적 쉽게 해석하며 설명하는 글이었고, 한국인 입장에서는 부록의 내용이 더 와닿을 것이라고 생각했기 때문이다. 그러나 학생들은 여전히 어려워했다. 도통 무슨 말인지 몰라 2차시는 질문도 거의 없이 아주 조용히 지나갔다. 망했다 싶었다.

3차시가 오는 것이 두려웠지만, 메모를 줄이고 줄여서 가장 핵심적인 부분만 가지고 왔다. 몇 분 동안 내용을 비교해 보더니 학생들은 갑자기 말이 트이기 시작했다. 2차시와 3차시 내용이 함께 버무려지니 학생들은 다른 교과 시간에 배운 개념들을 모두 끌어모아 자기들의 언어로 해석했다. 3차시 활동에서 나온 주된 질문들은 많지 않았지만 강렬했다. 자본주의 사회에서 녹색 계급은 기존에 생산을 추구하는 이전 계급과 불가피하게 논쟁적인 관계임을 설명하고 있는데, 녹색 계급의 입장이 정말 실현 가능한지 활발한 논의가 이루어졌다. 우리의 거주 가능 조건들이 사라지고 있음에도 왜 고려하지 않는 것인지 궁금증을 경제 사회적 관계로 살펴보고, 어려운 맥락들은 교사에게 능동적으로 질문하며, 학생들이 자발적으로 앎을 찾아가는 수업을 진행했다.

1. 청소년들의 돈이 행복의 전부라는 생각은 어떻게 바꿔야 할까?
2. 복지는 동정심이나 도덕성을 통해 이루어지면 안 된다. 그렇다면 생산적인 복지를 위해 어떤 방향을 추구해야 하는가?
3. 세금과 복지를 확대하는 나라 혹은 세금과 복지를 축소하는 나라 중 우리에겐 어떤 나라가 좋을까?
4. 공급과잉을 해결하기 위해 식민지 경쟁은 왜 심화되었을까?
5. 옛날보다 훨씬 발전한 지금도 애덤 스미스는 가난한 자들을 돕는 차선의 길이 자유시장경제라고 생각할까?
6. 녹색 계급의 입장은 실현 가능할까?
7. '거주 가능 조건을 유지하는 것과 생산 체계 사이에 맺어지는 불가피하게 논쟁적인 관계'라고 설명하는데 거주 가능 조건과 생산 체계를 동시에 유지하고 양립하기 위해서는 어떤 수단이 필요할까?
8. 『녹색 계급의 출현』을 읽고, 인상적인 문장을 뽑고 그 이유를 설명해 보세요.
9. 자본주의 사회에서 돌봄과 연대를 어떻게 실현할 수 있을까?

▲ 구술평가 공개 질문 예시

구술평가 질문을 공개한 후 4차시에는 모둠별로 구술평가를 연습하는 시간을 가졌다. 학생들은 어떤 질문이 선정되었는지 궁금해 했고, 자기가 만든 질문이 채택되었을 때 크게 기쁜 것 같았다. 총 7개 질문이 어느 부분에서 나오게 되었는지 서로의 생각을 공유하고, 학생들은 자기가 왜 이러한 질문까지 나아갈 수 있는지 자신감 있게 설명했다. 모둠원 중 누군가는 진행을 자처하면서 "자, 첫 번째 질문부터 시작해 보자. 각자 생각들을 이야기해 보는 거야." 라고 주도하며 말하기도 했다.

관찰하며 가장 흥미로웠던 것은 대화를 나눌 때 나오는 일종의 옆으로 빠지는 생각들이었다. 글쓰기로 내 생각을 논리적으로 정립하려고 노력하는 데 시간을 쏟을 수 있다면 말하기로는 상대방의 반응을 통한 확산적 사고가 가능했다. 학생들은 대화를 통해 생각을 뻗어 나가기 시작했다.

"돈이 많은 사람은 권력을 가지면 안 될 것 같아. 가난한 자들을 돕는 정책이 필요한데 돈이 많은 사람들이 권력을 가지게 되면, 가난한 자들의 입장을 알 수 없잖아."
"수정 자본주의가 오히려 빈곤을 더 만들어 가는 것 같아."
"우리 날씨를 보면, 진짜 예전이랑 다르지 않아? 아무리 날씨가 이상해져도, 왜 생산량은 줄지 않고 있을까? 지금 체감하지 못하니까 생산량을 늘리려 공장을 돌리고, 그러다 보니 지금의 상황에 다다른 것 같아."

조용히 학생들을 관찰하고 있다가 "얘들아, 너희들 참 멋지다. 똑똑한 친구들이 있어서 자본주의 세상에서 살 만하겠네."라는 말이 저절로 입에서 맴돌았다.

구술평가 실전이다. 뽑기로 구술평가 순서를 정했다. 학생들은 순서대로 교사와 일대일로 구술평가를 진행하는데, 총 3개의 질문으로 구성했다. 첫 번째 질문은 학생이 스스로 원하는 질문을 선택하고, 두 번째 질문은 추첨으로, 세 번째 질문은 교사가 원하는 질문을 선택하는 방식으로 진행했다. 가장 자신 있는 것을 시작으로 답변하다 보면 나머지 두 가지의 질문도 저절로 편하게 이야기할 거라는 생각에서였다. 교사의 질문은 앞선 두 가지의 질문에 대해 추가적으로 궁금한 사항이나, 기존에 만들어진 3가지 질문 중 1가지를 선택해서 이야기를 나눴다. 특히 생각의 전환을 위한 녹색 계급의 이야기는 빼놓지 않고 질문했다.

개인별로 구술평가하는 과정은 앎이 자연스럽게 발현되는 순간이다. 기억에 남는 답변들이 아주 많았고, 평가는 생각보다 까다롭지 않은, 즐겁게 대화를 나누는 과정이 되었다. 현서는 책 『녹색 계급의 출현』을 읽고, 인상 깊은 구절을 자신의 언어로 설명했다. 사회 연결망의 요소들로 지배계층 구조를 파악하여야 한다는 것이었는데, 녹색 계급을 이루는 인간들 혹은 비인간들(자연적인 물, 공기, 땅을 포함해서)은 서로 연결된다는 것이었다. 생산 수단의 소유 여부에 따른 계급 구조가 아닌, 살 수 있는 환경 즉, 직접적으로 나타나는 생존 위기가 계급 갈등이 될 수 있음을 설명했다.

　반면에 지민이는 녹색 계급의 입장이 실현되기 어렵다고 보았는데, 이를 개구리로 비유하여 표현하는 것이 흥미로웠다. 개구리가 뜨거운 물에 담가졌을 때 팔딱 튀어나오지만 서서히 뜨거운 물을 부으면 알아차리지 못하는 것처럼, 위협적이지 않은 상황에서는 알아차림이 쉽지 않다는 것을 설명했다. 그러나 앞으로의 기후위기나 거주 가능 조건의 위험성은 심각해질 것이기 때문에 서서히 타협의 시간이 반드시 올 거라고 설명했다.

　이외에도 수행평가에 워낙 관심이 없었던 학생도, 잠깐 앉아서 편히 이야기 나누자고 다가가니 자본주의에 대한 생각을 짧게나마 설명하기도 하고, 플라스틱을 먹고 죽은 새 알바트로스를 자본주의와 인간에 비유하여 설명하는 학생도 있었다. 다양한 의견들이 오가는 순간이 참 신기했다. 각자의 배경지식 차이는 있지만 구술평가에 대한 질문이 각자의 호기심을 자극하고 있는 것이 눈에 보였다. 질문에 대해 자신의 언어로 답을 구하는 과정에서 배움이 생기는 것일까? 교육이 궁극적으로 학생의 탐구에 의해 이루어지며 교사가 학생이 탐구에 참여하고 몰입하여 의미 있는 지식 구성에 이르도록 안내하는 역할을 한다고 할 때, 질문은 교사가 학생이 탐구로 향하는 문을 열어 주는 역할을 한다. 질문과 답변을 토대로 하는 구술평가의 중요성이 다시금 확인되는 순간이었다.

교실을 넘어 세상과 부딪치는 연습

교육은 현재의 상태가 불완전하다고 보고, 더 나은 상태로 인간의 행동을 변화시키기 위해 기울이는 노력이라고 할 수 있다. 사회과에서 구술평가를 중요시하는 이유도 바로 여기에 있다. 구술평가는 많은 평가 중에서도 사회과의 목표와 내용, 방법이 실제 수업 속에서 효과적으로 제시되고 구현될 수 있으며 피드백까지 체계적으로 진행되는 평가 방식이라 자부한다. 구술평가를 통해 학생들에게 구체적이고 긍정적인 피드백을 해 줄 수 있어 좋았다. 구술평가는 학생들의 이의 제기가 아주 적은 평가이다. 구술평가가 끝난 후에 바로 학생들에게 평가 점수와 함께 답변에 대한 피드백을 해 주었다. 예를 들어, '질문에 대한 핵심 내용을 정확히 이해하고 논리적 근거와 함께 의견을 명확하게 전달하는 모습이 훌륭하다', '경제 현상을 일상의 삶과 연결 지어 누구나 이해하기 쉽게 흥미롭게 의견을 제시했다' 등의 긍정적이고 구체적인 피드백을 해 주면 학생들의 어깨도 으쓱해진다. 반면에 부족한 답변에 대해서는 어떤 부분에서 근거가 명확하지 않았는지, 전달하려고 하는 메시지는 이런 내용인 것 같은데 어떻게 전달하는 것이 좋을지에 대해 한 번 더 생각하게 한 후 성찰 활동지에 부족한 내용을 보충할 수 있는 기회를 주었다. 구체적인 피드백 후에 학생들에게 평가 점수를 공개하면 모두 납득하고 성찰 활동지를 열심히 작성하여 마무리했다.

구술평가에서 또 하나 좋은 점은 학생과 래포rapport 형성이 저절로 된다는 것이었다. 강의식이나 활동식 수업을 진행하다 보면 학생 한 명 한 명의 의견에 귀 기울이기 어려운데, 특히 개인별 구술평가는 일대일로 진행되기 때문에 학생들의 새로운 면모를 많이 발견할 수 있다. 구술평가는 마치 면접과 비슷해서 눈동자의 떨림마저도 느껴지는데, 끝나고 나서 안도하는 표정, 긴장감을 숨기고 야무지게 대답하는 학생들의 귀여움도 가까이에서 관찰할 수 있다. 평가에 임하는 태도에 대해서도 '많이 떨렸을 텐데 씩씩하게 답변하는 모습이 좋았다', '열심히 준비한 것에 대한 노력이 선생님도 느껴졌다'는 구체적인 관찰 피드백을 해 주면 학생들은 준비하는 과정도 인정받았음을 느끼고 다음 수행평가에서는 더 열심히 하는 모습을 보여 준다. 노력에 대한 피드백은 교사와 학생 간의 관계를 더 좋게 만들고, 긍정적인 수업 분위기에도 영향을 미친다. 어렵더라도 [경제] 수업은 들으려고 노력하는 기특한 모습도 자주 관찰된다.

반면에, 구술평가를 진행하며 아쉬웠던 점은 모둠 독서 활동이었다. 모둠이 어떻게 구성되느냐에 따라 적극적으로 의견을 주고받는 팀과 그렇지 않은 팀이 생긴다. 모둠 독서 활동을 기획하며 각자 다른 읽을거리를 준 이유 중 하나는 무임승차를 없애고 서로의 다양성을 이해하기 위함이었으나, 다음에는 각자 다른 내용이 아닌 같은 내용으로 독서 활동을 한 후에 서로의 생각을 주고받을 수 있도록 진행하는 것이 더 낫겠다는 생각이 들었다. 수업 차시를 많이 확보하기 어렵다면 동일한 책으로 모둠 독서 활동을 준비하는 것이 효과적일 것이다.

6차시의 구술평가를 진행하며 아쉬운 점도 있었지만, 좋은 점이 더 많았다. 누구든지 우리가 살아가는 세상에 대해 의견을 자유롭게 말할 수 있지만 이는 쉽지 않은 과정이다. 교실에는 정답이 있는 문제와 질문이 무수히 많다. 학생들은 정답이 있는 문제에 익숙하지만, 우리는 정답이 없는 사회를 살아간다. 구술평가는 교실의 담벼락을 넘어 세상과 부딪치는 연습이다. 나와 다른 사람의 의견을 경청하고, 생각을 논리적으로 말하며, 공공의 논제에 대해 서로의 의견을 주고받는 과정이다. 그 과정에서 자연스럽게 사회구조와 개인에 대해 생각할 수 있으며, 말하는 사람의 언어를 통해 가치와 태도를 관찰할 수 있다. 사회현상에 대한 생각을 말로 풀어내는 과정에서 무수하게 많은 사회학적 상상력이 발현된다. 우리가 살아가는 사회가 이대로 괜찮은지, 지속 가능하려면 어떤 노력이 필요한지 이야기 나눌 수 있는 일상이 자연스럽게, 자주 찾아오길 소망해 본다.

수업·평가 활용 자료

『지적 대화를 위한 넓고 얕은 지식』(채사장, 웨일북)
역사, 경제, 정치, 사회, 윤리 영역으로 나뉘어 있다. 챕터별로 기본적인 배경지식과 사회적 맥락에 쉽게 접근하도록 돕는 책이다. 경제 관련 서적을 읽기 어려워하는 학생들이 자본주의의 역사적 흐름을 거시적으로 파악하기에 좋다. 경제 체제 속에서 시장의 자유와 정부의 개입 중 어떤 사회를 선택해야 하는지 생각할 수 있도록 한다. 경제 이외에도 다양한 주제가 포함되어 있기에 융합적 사고를 신장시켜 주는 책으로 추천한다.

『자본주의』(EBS <자본주의> 제작팀, 가나출판사)
EBS 다큐프라임 <자본주의> 5부작을 책으로 엮은 것이다. 영상으로도 볼 수 있지만, 책으로 이해하면 깊은 사유의 시간을 가질 수 있다. 교과서에서 이론적으로 배우는 자본주의가 아니라 자본주의 사회를 살아가는 우리 모두에게 현실 감각을 길러 준다. 자본주의가 이대로 괜찮은지 생각을 공유할 수 있고, 개방형 질문을 토대로 논의할 주제를 펼쳐 볼 수 있는 책이다.

『녹색 계급의 출현』(브뤼노 라투르 외, 이음)
자본주의가 한계에 다다른 시점에서 환경 위기를 실질적으로 해결하기 위해 실천을 주도하는 세력으로 '녹색 계급의 출현'을 강조하는 주장을 메모 형식으로 구성한 책이다. 환경문제는 지구에 거주하는 모든 이들이 관련되어 있기에 자본주의에 관한 생각을 전환하기 위해 우리는 어떤 모양의 자본주의 사회를 살아가야 하는지 그 답을 알려 줄 수 있는 책으로, 자본주의와 기후위기, 지속 가능성을 연계하여 성찰할 수 있다.

에필로그

근거 있는 자신감으로 도전하기를 바라며

교사의 삶에서 좋은 공동체와의 만남은 교사의 성장을 촉진하는 중요한 요소다. '제주사회과교육연구회'가 우리에게 그러했다. 우리는 학교 밖 교사학습공동체teacher learning community에서 '사회과 교사의 삶과 교육과정 실천'이라는 대주제로 만나고 있다. 교육과정과 수업 그리고 평가라는 교사의 기본적인 과업의 실마리를 함께 풀어내고 있다. 교사라면 누구나 해마다 반복하는 이 과업을 좀 더 의미 있게 실천할 길을 더불어 모색하여 왔다. 그 길 가운데에서 사회과 구술평가 실천을 담은 이 책이 탄생하였다.

2022년, 제주사회과교육연구회 소속 교사 네 명이 '2022 개정 사회과 교육과정 시안 개발 연구'의 일환으로 중학교 사회과 교육과정의 일반사회 영역 시안을 검토하는 작업에 참여하였다. 각자 맡은 영역을 검토한 후 전체가 모여 의견을 교환하고, 최종 의견서를 작성하여 제출하는 방식으로 작업을 진행하였다. 비록 한시적으로 이루어진 작업이었으나, 더 나은 교육과정을 개발하는 데 기여하기를 희망하며 교육과정 시안을 면밀히 검토하였다.

제출한 검토 의견 중, 2022 개정 사회과 교육과정에 반영된 것으로 추정되는 것이 바로 구술평가에 관한 것이다. 당시 검토 의견에는 '최근 국어과에서 활발하게 수행되고 있는 구술평가는 점차 다른 교과로 확산되고 있는 추세'이며 '사회과에서도 구술평가가 확산될 것으로 예상'한다는 점과, 구술평가를 추가하여 사회과 평가 방법을 진술할 것을 주문하였다. 현장 수용성 제고를 강조한 새 교육과정에 학교 현장의 어떤 목소리가 얼마나 반영되었는가는 개발 작업에 직·간접적으로 참여한 주체들의 성찰적 연구가 추후 보고되면 자세히 알 수 있을 것이다.

2022 개정 사회과 교육과정은 2015 개정 사회과 교육과정에 비해 구술평가를 명시적으로 규정하였다. 2015 개정 사회과 교육과정에서는 구술평가가 특정 영역에 제한적으로 제시되었으나, 2022 개정 사회과 교육과정에서는 모든 영역을 포괄하는 평가 방법으로서 구술평가가 진술된 것이다. 2015 개정 사회과 교육과정에 '지필평가 외에 면접, 토론, 논술, 관찰, 활동 보고서, 포트폴리오 등을 통한 다양한 평가가 이루어질 수 있도록 한다.'라고 진술된 것은 2022 개정 사회과 교육과정의 '지필평가 외에 구술, 면접, 토론, 논술, 관찰, 활동 보고서, 포트폴리오

등을 통한 다양한 수행평가를 실시한다.'라는 진술로 수정되었다.

 구술평가를 평가 방법으로 명시적으로 규정한 측면에서 2022 개정 사회과 교육과정은 진전된 변화를 보인다. 국가 수준 교육과정에서 나타난 이러한 작은 변화는 현장 교사들의 의미 있는 실천을 촉진할 가능성을 열어 준다. 2022 개정 사회과 교육과정이 2025년 중·고등학교 1학년을 시작으로 순차적으로 적용된다. 사회과 구술평가의 실행 사례를 담은 이 책이 새롭게 개정된 사회과 교육과정이 적용될 시기에 맞게 출간될 수 있어 다행이다.

 이 책에 담긴 사회과 교사들의 구술평가 실행은 선도적인 시도로 의미가 있다. 아직 사회과 구술평가에 관한 이론적 논의가 부족하고, 사회과에서의 실행 사례가 축적되어 있지 않다. 이러한 상황에서 제주사회과교육연구회 안에서 세미나를 열어 먼저 실행한 경험을 동료 교사들과 나누고, 상호 간에 묻고 배우며 구술평가의 현장 적용 방안을 찾아 나갔다. 이와 같은 과정이 '공동 연구'와 '공동 실천'이라고 하는 교사학습공동체의 정수(精髓)라고 볼 수 있다. 그 과정에서 우리는 '연구하기'와 '실천하기'라는 '사회과 교사의 삶'을 살아가고 있다.

 실천가이자 연구자로서 사회과 구술평가 실행 방안을 탐색한 일곱 분의 실천기를 읽으며, 더 많은 선생님들께서 '나도 구술평가 해 볼 수 있겠다'라는 근거 있는 자신감을 갖기를 희망한다.

2025년 봄
김홍탁

참고문헌

교육부, 국어과 교육과정: 교육부 고시 제2015-74호 [별책 5], 교육부, 2015.
교육부, 국어과 교육과정: 교육부 고시 제2022-33호 [별책 5], 교육부, 2022a.
교육부, 사회과 교육과정: 교육부 고시 제2015-74호 [별책 7], 교육부, 2015.
교육부, 사회과 교육과정: 교육부 고시 제2018-74호 [별책 7], 교육부, 2018.
교육부, 사회과 교육과정: 교육부 고시 제2022-33호 [별책 7], 교육부, 2022b.
교육인적자원부, 사회과 교육과정: 교육인적자원부 고시 제2007-79호 [별책 7], 교육인적자원부, 2007.
구정화, 통계 모르고 뉴스 볼 수 있어?, 다른.
국외 거주 외국인 주민 수 226만 명, 총인구 대비 4.4% 최대 규모 기록, 행정안전부, 2023.11.8.
김승섭, 미래의 피해자들은 이겼다, 난다.
김성우·엄기호, 유튜브는 책을 집어삼킬 것인가, 따비.
김하나, 말하기를 말하기, 콜라주.
남경호·김성숙·지은림, 수행평가: 이해와 적용, 문음사.
마이클 샌델, 공정하다는 착각, 와이즈베리.
모옌, 개구리(蛙), 민음사.
모경환, 사회과교육론, 동문사.
브뤼노 라투르·니콜라이 슐츠, 녹색 계급의 출현, 이음.
박제원, 학교 속 문해력 수업, EBS한국교육방송공사.
백순근, 수행평가 이론적 측면, 교육과학사.
변진경, 울고 있는 아이에게 말을 걸면, 아를.
변태진·최소영·박은아·하명진·류수경, 교과 교육용 텍스트의 이독성 특성 분석:

국어과, 사회과, 과학과를 중심으로, 교육과정평가연구, 27(1), 87-131, 2024.

송길영, 시대예보: 핵개인의 시대, 교보문고.

송길영, 그냥 하지 말라, 북스톤.

송승훈, https://blog.naver.com/wintertree91.

안보윤 외, 공존하는 소설, 창비교육.

안희경, 내일의 세계, 메디치미디어.

안희경, 인간 차별, 김영사.

앨런 말라흐, 축소되는 세계, 사이.

에릭M. 프랜시스, 이거 좋은 질문이야!, 사회평론아카데미.

유종열, 2015 개정 사회과 교육과정에서의 인구교육 내용 분석, 학습자중심교과교육연구, 16(3), 759-783, 2016.

인디고서원, 인디고 바칼로레아 1, 2, 궁리출판.

은유, 크게 그린 사람, 한겨레출판.

임동진, 박진경, 「다문화주의와 다문화정책에 대한 정책참여자들의 태도와 성향 분석」, 한국정책과학학회보 제16권 제2호(2012.6), p.36.

임유나, IB PYP 기반 교육과정 실행의 양상과 과제: IB 학교 교원의 경험을 바탕으로, 교육과정연구, 40(4), 1-27, 2022.

제이 맥타이·그랜트 위긴스, 핵심 질문, 사회평론아카데미.

정문성·백선영, 한·일 초등학교 사회 교과서의 저출산·고령화 내용에 대한 비교연구, 사회과교육, 58(1), 131-146, 2019.

조영태 외, 아이가 사라지는 세상, 김영사.

조영태 외, 초저출산은 왜 생겼을까?, 김영사.

조한혜정, 글 읽기와 삶 읽기 2, 또하나의문화.

찰스 윌런, 벌거벗은 통계학, 책읽는수요일.

채사장, 지적 대화를 위한 넓고 얕은 지식, 웨일북.

최원형, 착한 소비는 없다, 자연과생태.

최인철 외, 헤이트: 왜 혐오의 역사는 반복될까, 마로니에북스.

최진영 외, 숨 쉬는 소설, 창비교육.

홍성욱 외, 대한민국 재난의 탄생, 동아시아.

홍수열, 그건 쓰레기가 아니라고요, 슬로비.

C.Wright.Mills, 사회학적 상상력, 돌베게.

EBS 〈자본주의〉 제작팀, 자본주의, 가나출판사.

Mallach, A.(2023), Smaller cities in a shrinking world: Learning to thrive without growth, 김현정 역(2024), 축소되는 세계, 사이.

Robinson, K.(2015), Creative schools: The grassroots revolution that's transforming education, 정미나 역(2016), 학교혁명, 21세기북스.

Superville, L. K., Oral assessment as a tool for enhancing students' written expression in social studies, The Social Studies, 92(3), 121-125, 2001.

Theobold, A. S.(2021), Oral exams: A more meaningful assessment of students' understanding, Journal of Statistics and Data Science Education, 29(2), 156-159.

UNESCO(2023). UNESCO Strategy for Youth and Adult Literacy and its Action Plan (2020-2025).

저자별 집필 파트

강영아
Chapter 1 사회과 구술평가의 의미와 필요성

강윤찬
Chapter 2 1. 환경을 주제로 '직접' 평가하기

강초롱
Chapter 2 2. 통계가 말하는 다문화사회, 통계로 말하는 문화다양성

김홍탁
Chapter 2 8. '익숙한데 새로운' 주제와 만난 구술평가

신정민
Chapter 2 3. '능력주의는 공정한가' 토론 말고 구술평가
            4. '사회적 소수자'를 내러티브적 문해력으로 읽어 내기

이수진
Chapter 2 7. 핵개인화 시대, 사회변동 속 개인과 사회구조 파악하기
            9. 지속 가능한 사회를 위해 자본주의 성찰하기

정유훈
Chapter 2 5. 정서적 공감대를 통한 사회과학 연구 방법의 실천
            6. 사회과학 연구 주제의 인사이트 넓히기

사회과
구술평가
어떻게 할까

초판 1쇄 발행 2025년 04월 10일

지은이 강영아 · 강윤찬 · 강초롱 · 김홍탁 · 신정민 · 이수진 · 정유훈

발행인 송진아
기 획 제주사회과교육연구회
편 집 아이핑크
디자인 권빛나
제 작 제이오
펴낸곳 푸른칠판
등 록 2018년 10월 10일(제2018-000038호)
팩 스 02-6455-5927
이메일 greenboard1@daum.net

ISBN 979-11-91638-26-4 13370

* 이 책은 저작권법에 따라 보호를 받는 저작물이므로 무단 전재와 무단 복제를 금지하며, 이 책의 전부 또는 일부를 이용하려면 반드시 저작권자와 푸른칠판의 서면 동의를 받아야 합니다.
* 책 값은 뒤표지에 있습니다.